US NATIONALPARK GUIDE

Yosemite Nationalpark

Wolfgang Förster

PLANEN. REISEN. ERLEBEN.

Bibliografische Information der Deutschen Nationalbibliothek:
Die Deutsche Nationalbibliothek verzeichnet diese Publikation in der Deutschen Nationalbibliografie; detaillierte bibliografische Daten sind im Internet über http://dnb.d-nb.de abrufbar.

© **2018 by Wolfgang Förster, Hennef - box21@online.de**

Fotos: NPS, Barbara Russwurm, Wolfgang Förster

Herstellung und Verlag: BoD - Books on Demand, Norderstedt

ISBN   978-3-74812-947-9

Die aufgeführten Informationen wurden sorgfälltigst recherchiert.
Dennoch kann der Autor für die Richtigkeit keine Gewähr übernehmen.

Inhalt

Liebe Leser

Ein Ranger brachte es einmal auf den Punkt: „Der wunderschöne Park wird von seinen Besuchern zu Tode geliebt." Bis zu 5 Millionen Touristen kommen Jahr für Jahr in den einzigartigen Yosemite Nationalpark. Und da die meisten in das Yosemite Valley wollen, ist es dort oft voll - sehr voll. Besonders in der Hauptsaison und zu den amerikanischen Feiertagen.

Um diesen Ansturm mit all seinen Nachteilen zu entgehen, empfiehlt es sich, den Besuch in die Nebensaison zu verlegen oder, wenn das nicht möglich ist, auf das Hinterland des Nationalparks auszuweichen. Hier ist es mindestens genau so schön und man kann die Natur noch in aller Ruhe genießen.

Viel Spaß im vielgeliebten Yosemite Nationalpark!
Ihr

Wolfgang Förster

Die US National-
parks

Auf dem Hoheitsgebiet der Vereinigten Staaten von Amerika gibt es aktuell 59 staatliche Nationalparks. Sie werden von einer, dem US-Innenministerium unterstellten Behörde, dem National Park Service (NPS) betreut und verwaltet.

Ursprünglich stand der Naturschutzgedanke nicht im Vordergrund. Statt dessen sollten die Parks als Vergnügungsstätte zum Nutzen und zur Freude der Bevölkerung dienen. So steht es in der Gründungsurkunde des Yellowstone NP von 1872 wie folgt beschrieben: „As a public park or pleasuring ground for the benefit and enjoyment of the people". Erst Jahre später setzte sich dann auch der Gedanke an den Naturschutz und an die Bildung der Bevölkerung durch. Heute hat die Natur, die Flora und Fauna, absolute Priorität. Zur Information und Aufklärung der Besucher wurden attraktive Visitor Center, teilweise mit Museumscharakter, installiert.

Den NPS gibt es seit 1916. Mit einem aktuellen Jahresbudget von rund 3,26 Milliarden Dollar (2018) verwaltet diese Institution nicht nur die Nationalparks, sondern insgesamt 417 Einheiten im US Bundesbesitz mit kultureller, historischer oder landschaftlich herausragender Bedeutung (dazu gehören unter anderem auch die Freiheitsstatue in New York und das Mount Rushmore National Memorial in South Dakota).

Seit 1952 ist der „Arrowhead" das Logo des NPS und der Nationalparks. Der Sequoia-Baum und der weiße Bison stehen für Fauna und Flora der Schutzgebiete, die Bergkuppe und der See für die Landschaften. Die Pfeilspitzen-Form des Logos symbolisiert die Historie und die Archäologie.

Dieser enorme Aufwand ist jedoch nur möglich, weil die ca. 16.000 festangestellten NPS-Mitarbeiter von rund 2,5 Millionen ehrenamtlichen Helfern (Volunteers) tatkräftig unterstützt werden. Da der jährlich Haushalt nur selten an die aktuellen Gegebenheiten angepasst wurde, muss derzeit in allen Bereichen massiv gespart werden.

Die Nationalparks verteilen sich über die komplette USA und bieten daher eine entsprechende Vielfalt. Vom Unterwasserpark in Florida bis zum ewigen Eis in Alaska, von der Mohave-Wüste bis zu den Sümpfen der Everglades - das Spektrum der Nationalparks deckt so ziemlich alles ab, was Mutter Natur zu bieten hat.

Ein großes Problem der Nationalparks ist ihre Attraktivität bzw. der Massentourismus. Die Besucherzahlen der beliebtesten Parks sind gigantisch. So werden im Great Smoky Mountains NP jährlich über 9 Millionen Besucher gezählt. Jahr für Jahr fahren rund 5 Millionen Touristen zum Grand Canyon NP. Und das enge Haupttal des Yosemite Nationalparks in Kalifornien wollten im Jahre 2016 fast 5 Millionen Menschen besuchen. Hier ist die Situation besonders prekär: Am 4. Juli (Nationalfeiertag) oder an verschiedenen Wochenenden in den Sommerferien mussten die Zufahrtsstraßen schon mehrfach wegen starkem Besucherandrang geschlossen werden. Im Zion NP in Utah hat man bereits die Konsequezen gezogen. Der fast 10 km lange Zion Canyon Scenic Drive ist von März bis Oktober für den öffentlichen Straßenverkehr gesperrt. Statt dessen bringen kostenlose Shuttle-Busse die Besucher zu den touristischen Attraktionen und Wanderwegen entlang des Virgin Rivers.

Für jeden, der mehrere Nationalparks besuchen möchte, lohnt sich der Erwerb des Nationalpark Passes (Annual Pass). Das scheckkartengroße Dokument kann in allen NPS Visitor Centern oder an den Parkeingängen, aber auch schon vorab online erworben werden.

Er kostet derzeit 80 $, ist vom Kauftag an für ein ganzes Jahr gültig und garantiert seinem Besitzer sowie drei Mitfahrern im PKW/Wohnmobil freien Eintritt in fast allen Parks und Einrichtungen des
- NPS National Park Service
  (www.nps.gov)
- USDA Forest Service
  (www.fs.fed.us)
- USFWS Fish & Wildlife Service
  (www.fws.gov)
- BLM Bureau of Land Management
  (www.blm.gov)
- Bureau of Reclamation
  (www.usbr.gov)
Für Kinder ist der Eintritt frei.

Im Internet kann der Annual Pass unter *www.store.usgs.gov/pass/index.html* bestellt werden. Die Gültigkeitsdauer beginnt jedoch immer mit dem Ausstellungsdatum.

Info:
National Park Foundation
1101 17th St NW
Washington, DC 20036
Tel. 202-785-4500

Ein erster Überblick
Yosemite Nationalpark

Der Yosemite Nationalpark ist einer der beliebtesten US-amerikanischen Nationalparks. Jahr für Jahr besuchen bis zu 5 Millionen Touristen (2016) den 3.081 qkm großen Park. Da der weitaus größte Teil der Besucher nur das in Relation zur Parkfläche relativ kleine, rund 13 km lange Yosemite Valley aufsucht, ist das Tal oftmals überlaufen. Speziell in der Hochsaison und an den amerikanischen Feiertagen (siehe auch nächste Seite) ist der Andrang so groß, dass die Straßen verstopft sind und die Ranger sich nicht anders zu helfen wissen und die Zufahrt kurzerhand komplett sperren. Da man den Straßenverkehr im Yosemite Valley als ernstzunehmendes Problem erkannt hat, wurde vom NPS hier ein kostenloses Shuttlebus-System mit 19 Haltestellen eingerichtet (Siehe Seite 26).

Im Yosemite Valley findet der Tourist Hotels, Restaurants, Campingplätze, Einkaufsmöglichkeiten und Sehenswürdigkeiten. Für den weitaus größten Teil der Besucher ist das Tal der Nationalpark. Wer aber die einzigartige Natur des Yosemite in sei-

Verteilung der Besucherzahlen auf die Monate	
Januar	3 %
Februar	3 %
März	4 %
April	6 %
Mai	10 %
Juni	13 %
Juli	16 %
August	16 %
September	13 %
Oktober	9 %
November	4 %
Dezember	3 %

ner ursprünglichen Schönheit erleben möchte, dem empfehlen sich Ausflüge ins Hinterland, abseits der vielbefahrenen Straßen.

Der Nationalpark, dessen Größe etwa der 3,5-fachen Grundfläche Berlins entspricht, befindet sich auf Höhenlagen von 600 bis 4.000 Metern. Dadurch ergeben sich höhenbedingt fünf verschiedene Ökosysteme.

Das **Yosemite Valley** ist ein gutes Beispiel für ein durch Gletscher geschaffenes und durch steile Seitenwände geprägtes Tal. Während der letzten Eiszeit verbreiterten die stetig abwärts wandernden Eis- und Geröllmassen den durch den Merced River geschaffenen, relativ schmalen Canyon und schufen das Tal in seiner heutigen Form. Diese Vorgänge zeigen sich sehr deutlich am Half Dome, dessen Nordflanke - noch heute gut sichtbar - vom Gletscher regelrecht abgefrässt wurde. Härtere Gesteinformationen, wie z.B. der El Capitan oder die Cathedral Rocks, widerstanden den Naturgewalten und blieben erhalten.

Heute präsentiert sich das voll erschlossene Yosemite Valley als das touristische Zentrum des Nationalparks. Mit Wildblumen und Sträuchern übersähte Wiesen, Eichenwälder und Wälder mit den verschiedensten Nadelbäumen geben zahlreichen Tierarten ein Zuhause. Schmetterlinge, Vögel, Hasen, Maultierhirsche, Schwarzbären u.a. fühlen sich in den unterschiedlichen Lebensräumen wohl.

Von den hohen und steilen Wänden stürzen Wasserfälle spektakulär ins Tal hinab. So gelten die Yosemite Falls mit

---

Überfüllung

An folgenden Tagen sollte man den Yosemite Nationalpark und insbesondere das Valley unbedingt meiden. Die Zufahrtsstraßen sind überfüllt, es bilden sich lange Schlangen am Eingang und auch die Parkplätze innerhalb des Nationalparks sind dem Ansturm nicht gewachsen und rasch voll:

- **Spring Break/Ostern** (Ende März/Anfang April)
- **Memorial Day** (letzter Montag im Mai)
- **Independence Day** (4. Juli)
- **Labor Day** (erster Montag im September)
- **Veterans Day** (11. November)
- **Thanksgiving Day** (4. Donnerstag im November).

---

einer Gesamthöhe von 739 Metern als fünfthöchste Fälle der Welt. Im Mai und Juni führen sie erfahrungsgemäß das meiste Wasser.

Am südlichen Eingang zum Yosemite Nationalpark liegt **Wawona**, dessen Urspünge auf ein Lager der Nativ American Miwok zurück gehen, die die Stelle in ihrer Sprache „Pallachun" („eine gute Bleibe") nannten. Eine Legende behauptet, der Name Wawona entstand aus dem Miwok-Wort Wawōʻna, was übersetzt „großer Baum" bedeutet. Bereits 1856 baute ein gewisser Galen Clark hier ein erstes einfaches Hotel,

---

Eintrittspreise
Yosemite National Park

Private Kfz inkl. Insass.	$35,00
Motorrad	$30,00
Fußgänger, Radfahrer	$20,00

Die Tickets haben für jeweils sieben Tage Gültigkeit und können auch unter www.pay.gov erworben werden.

Yosemite National Park
9039 Village Drive
Yosemite, CA 95389
Tel. 209-372-0200
www.nps.gov/yose/

welches er Clark Station nannte. Besucher des Yosemite Valleys konnten hier auf dem Weg vom oder ins 29 km entfernte Mariposa übernachten. Clark wurde zum ersten Parkaufseher („Guardian of Yosemite") ernannt, nachdem 1864 das Yosemite Valley und der Mariposa Grove unter Schutz gestellt wurden. 1874 übernahmen die Gebrüder Washburn das Anwesen von Clark und bauten dort 1876 das Hotel, das auch heute noch in Betrieb ist. 1883 gab Jean Bruce Washburn dem klassischen viktorianischen Resort den Namen Wawona Hotel. Da die Namensrechte nicht auf den neuen Betreiber übergingen heißt das Hotel seit 2016 Big Trees Lodge.

Neben dem Hotel gibt es in Wawona heute ein Visitor Center, eine Tankstelle, einen Reitstall, einen Golf- und einen Campingplatz. Touristische Attraktionen sind das Pioneer Yosemite History Center mit alten Siedlerhäusern, Gerätschaften und einer Sammlung historischer Pferdekutschen (siehe auch Seite 47).

Südlich von Wawona befindet sich der **Mariposa Grove**, der größte von insgesamt drei Mammutbaumhainen (Siehe auch Seite 39). Hier wachsen hunderte, bis zu über 60 Meter hohe und über 2.000 Jahre alte Sequioa-Mammutbäume. Die beiden kleineren Haine Toulumne Grove und Merced Grove befinden sich unweit von Crane Flat am Highway 120. Die drei Haine sind gut mit dem Auto zu erreichen und können über kurze Wanderwege erforscht werden. Für Mariposa Grove wird vom NPS zusätzlich eine Rundfahrt in offenen Fahrzeugen angeboten.

Ganz anderes präsentieren sich die **Toulumne Meadows**, rund 90 Straßen-Kilometer von Yosemite-Valley entfernt. Auf rund 2.600 Metern Höhe

Das bereits 1876 erbaute Wawona Hotel heißt heut Big Trees Lodge.

erstreckt sich hier die größte subalpine Wiesenlandschaft der Sierra Nevada. In den Sommermonaten erwarten den Besucher ein Visitor Center, ein Campingplatz, ein Laden und eine Tankstelle als Ausgangspunkt für Tagesausflüge oder Backpack-Touren durch die großflächigen Bergwiesen oder ins imposante Hochgebirge.

94 % der Fläche des Yosemite Nationalparks sind heute noch einsame Wildnis. Hier findet der Wanderer abseits der Straßen Ruhe und eine vielfältige unberührte Natur. Die von über 1.280 km Wanderwegen durchzogene Landschaft bietet in unterschiedlichen Höhenlagen und bei wechselnden Wet-

> ## Ranger Programme
> Wie fast jeder National Park bietet auch Yosemite die beliebten Rangerprogramme an. Die Vielfalt ist enorm und reicht von geführten Wanderungen, Tierbeobachtungen, Photography Walks, Kinderprogrammen bis hin zu Erzählungen am Lagerfeuer. Die einzelnen Programme wechseln regelmäßig. Auskünfte über die Termine in allen Visitor Centern.

terverhältnissen immer wieder neue, beeindruckende Ausblicke. Zum Schutz der Natur schreibt der NPS für Wanderungen mit Übernachtung in der Wildnis eine Genehmigung (Wilder-

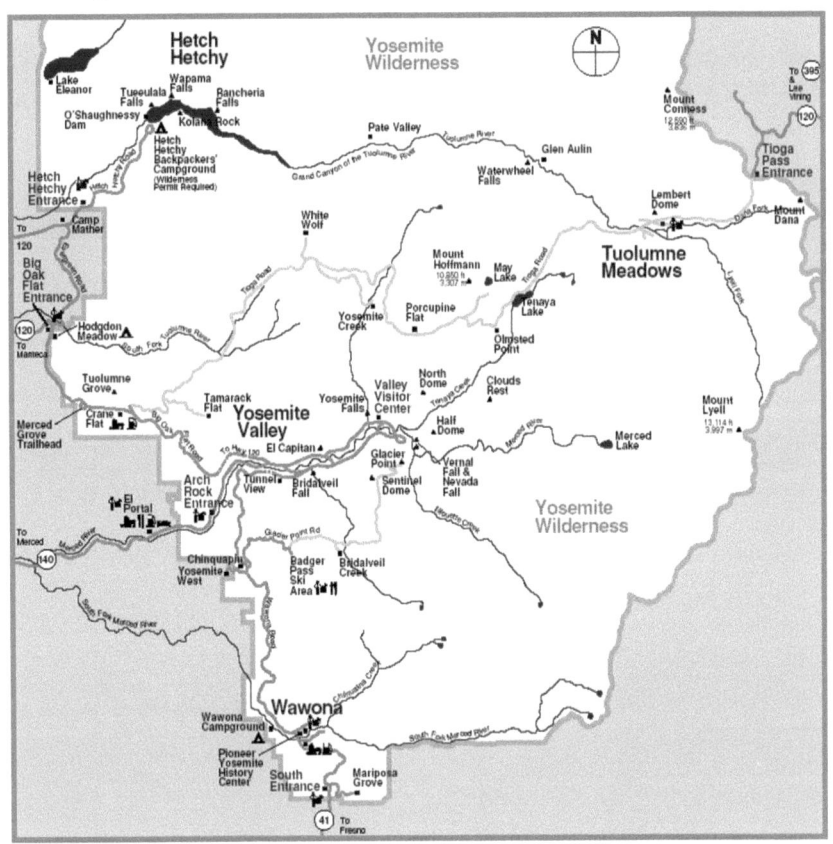

Yosemite - Ein Gletschertal wie aus dem Bilderbuch. Links der El Capitan, in der Mitte hinten der Half Dome und rechts der Bridalveil Fall..

ness Permit) vor, die in den Rangerstationen und Visitor Centern erhältlich ist.

Fast in jedem Sommer wüten auf dem Gebiet des Yosemite Nationalparks oder in der näheren Umgebung mehr oder weniger große Waldbrände. Ein Problem? Sicherlich, wenn auch Menschen davon betroffen sind. Aber in der Sierra Nevada sind Buschfeuer seit Tausenden von Jahren ein integraler Bestandteil des Ökosystems. In dieser Zeit haben sich eine Reihe von Pflanzen an die wiederkehrenden Feuer angepasst und eine gewisse Resistenz entwickelt. Von den Mammutbäumen (Sequoia) ist zum Beispiel bekannt, dass ihnen, geschützt durch die dicke Rinde, Waldbrände nur wenig anhaben können. Mehr noch - erst das Feuer bzw. die nach oben steigende heiße Luft sorgt dafür, dass sich die Zapfen der Nadelbäume öffnen und die Samen auf den durch die mineralreiche Asche

frisch gedüngten Boden fallen und sie sich fortpflanzen können.

Ähnlich verhält es sich mit dem Buckbrush Ceanothus (Ceanothus cuneatus), einem Kreuzdorngewächs. Diese Pflanze gedeiht normalerweise in Gebieten, in denen es in der Vergangenheit gebrannt hat. Ihre Samenkapseln können für eine beträchtliche Zeit ruhen und erst wenn sie während eines Feuers der Hitze ausgesetzt werden, öffnen sie sich und die Samen (ungefähr 1 mm lang) verteilen sich im Aschebett des verbrannten Bereichs. Die Nährstoffe, die im Boden nach einem Brand vorhanden sind, kombiniert mit einer stark begrenzten Konkurrenz anderer Pflanzen, ermöglichen es, dass sich die Wurzeln durchsetzen und in der feuergeschädigte Landschaft gut gedeihen. Waldbrände zerstören also nicht nur, sie dienen langfristig auch der Erneuerung der Flora.

Vor über 100 Millionen Jahren begann die Geschichte Yosemites. Das Gebiet der heutigen Sierra Nevada war zu dieser Zeit von einem vorzeitlichen Meer überflutet, auf dessen Boden sich dicke Sedimentschichten ablagerten. Enorme Erdbewegungen in den folgenden Jahrtausenden falteten den Boden, drehten ihn und hoben ihn schließlich über den Meeresspiegel empor. Zusätzlich floß Magma aus dem Erdinneren und erstarrte unter den Sedimenten zu Granit. Erosion und während der Eiszeit auch die Gletscher haben das Sedimentgestein an vielen Stellen fortgewaschen und formten so die heutige Sierra Nevada und damit auch den Yosemite.

Lange Zeit später lebten amerikanischen Ureinwohner in der Gegend bis sie von den negativen Begleiterscheinungen des kalifornischen Goldrauschs vertrieben wurden. Mit den Goldsuchern kamen aber auch Menschen in die Berge, die die Schönheit und die Einzigartigkeit der Landschaft erkannten und zu schätzen wussten. Auf deren Betreiben wurde 1864 der erste Park auf der Grundlage des kalifornischen Rechts geschaffen und 1890 von der Bundesregierung als Yosemite Nationalpark übernommen. Fast 100 Jahre später, im Jahr 1984, ernannte die UNESCO den Park mit seinen beeindruckenden Landschaften, seiner vielfältigen Flora und Fauna und seinen verschiedenen Lebensräumen zum Weltkulturerbe.

Yosemite Telefonnummern

Big Oak Flat Visitor Center	209-379-1899
Camping Reservierungen	800-436-7275
- Internationale Anrufer	301-772-1257
Fahrradverleih Half Dome Village	209-372-8323
Fahrradverleih Yosem. Valley Lodge	209-372-1208
Fundbüro	209-379-1002
High Sierra Camp Buchungen	559-253-5674
Krankenhaus	209-372-4637
National Park Service	209-372-0265
Park Information (vom Band)	209-372-0200
Tuolumne Meadows Visitor Center	209-372-0263
Wawona Visitor Center	209-375-9531
Wawona Ranger Station	209-375-9520
Wetter und Straßeninformationen	209-372-0200
Wildnis Reservations	209-372-0740
Yosemite Buchhandlung	209-379-2648
Yosemite Valley Visitor Center	209-372-0299
Zahnarztklinik	209-372-4200
Zimmerreservierung	559-252-4848

Yosemite NP in Zahlen

1 Golfplatz (Wawona Golf Course, 9 Löcher) gibt es im Yosemite Park

2 Gletscher (auf Mt. Maclure und Mt. Lyell) haben sich im Park gehalten

4 Straßentunnel wurden durch das Gestein des Yosemite getrieben

13% der Parkbesucher sind Deutsche (letzte Zählung 2009)

32 km asphaltierte Radwege wurden angelegt

38 Zwischenfälle mit Schwarzbären gab es 2016 im Park

57 Stunden bleibt der Besucher durchschnittlich im Yosemite NP

90 Säugetierarten leben im Park

170 cm Schnee fallen in nur einem Wintermonat im Yosemite Valley

200 Riesenmammutbäume stehen in der Mariposa Grove

300 begehrte Permits für den Half Dome werden je Tag vergeben

345 km aspaltierte Straßen durchqueren den Park

459 RV-Stellplätze gibt es allein im Yosemite Valley

620 Verkehrsunfälle wurden 2016 im Park aufgenommen

739 m tief stürzt das Wasser der Yosemite Falls in die Tiefe

1200 Mitarbeiter arbeiten im Sommer für den NPS im Park

1280 km Wanderwege stehen den Besuchern zur Verfügung

1.500 Pflanzenarten gedeihen im Park

3080 qkm beträgt die Gesamtfläche des Nationalparks

3994 m hoch ist der Mount Lyell, der höchste Berg in Yosemite NP

70.357 Wilderness Permits wurden 2016 vergeben

5.217.114 Touristen besuchten den Nationalpark 2016

27.000.000 $ betrug das Budget des Nationalparks im Jahr 2017

Anreise

Der Yosemite Nationalpark liegt in Zen-tral-Kalifornien inmitten des Sierra Ne-vada Gebirges.

Von **San Francisco** aus benötigt man für die etwa 314 km (195 Meilen) lange Strecke rund vier bis fünf Stunden. Dabei fährt man über die Interstates I-580 und I-205 in östlicher Richtung, nimmt ab Manteca den Highway CA-99S und biegt dann in Merced (Abfahrt 186 B) auf den Hihgway CA-140 ab, der einen zum Nationalpark-Eingang El Portal bringt.

Für die Anfahrt von **Los Angeles** braucht man länger. Auf der I-5 fährt man in nördlicher Richtung bis Wheeler Ridge, um von dort auf dem Highway CA-99 quer durch Bakersfield bis zur Abfahrt 131 in Fresno zu fahren. Von hier aus geht es weiter auf dem Highway CA-41 bis zum South En-trance des Yosimite Nationalparks. Für die rund 500 km (315 Meilen) lange Strecke sollte man mindestens sechs Stunden kalkulieren.

Problematischer kann sich die Anfahrt aus östlicher Richtung, z.B. von **Las Vegas**, gestalten, denn die direkte Zu-fahrt über den Tioga Pass ist meist bis tief in den Mai hinein, nach schneerei-chen Wintern sogar bis in den Juni ge-sperrt. In diesem Fall fährt man auf der Interstate I-15 südlich bis Barstow und von dort über die Abfahrt 179 auf dem Highway CA-58 bis nach Bakersfield. Von hier aus geht es weiter auf der CA-99 nach Fresno und von dort weiter auf dem Highway CA-41 bis zum South Entrance des Yosemite Nationalparks. Bei freiem Tioga Pass ist die Anfahrt aus dem Osten einfacher und wesent-lich kürzer. Man fährt - sofern es der Autovermieter erlaubt - auf dem Hwy 190 durch das Death Valley und biegt bei Lone Pine in nördlicher Richtung auf die US-95 ab. Dieser folgt man durch das schöne Owens Valley bis Lee Vining. Von hier aus führt der Highway 120 East direkt in den Natio-nalpark. Für die ca. 450 km lange Fahrt durch das Death und das Owens Valley benötigt man ohne Pausen rund fünf Stunden. Für den fast 800 km langen Umweg über Barstow und Bakersfield muss man 8-10 Stunden veranschla-gen.

Öffnungszeiten Tioga Pass	
2018	21.05
2017	29.06. - 14.11.
2016	18.05. - 16.11.
2015	04.05. - 01.11.
2014	02.05. - 13.11.
2013	11.05. - 18.11.
2012	07.05. - 08.11.
2011	18.06. - 17.01.
2010	05.06. - 19.11.
2009	19.05. - 12.11.
2008	21.05. - 30.10.

Flughäfen

Die nächsten Flughäfen sind:
- Fresno-Yosemite International (FAT)
(2,5 Autostunden zum Yosemite Valley)
- Merced Airport (MCE)
(2 Autostunden zum Yosemite Valley)
- Modesto City-County Airport (MOD)
(2 Autostunden zum Yosemite Valley)
- San Francisco International (SFO)
(5 Autostunden zum Yosemite Valley)

Das Wetter im Park
Nasse Winter, trockene Sommer

Der Yosemite Nationalpark erstreckt sich auf einer Fläche von annähernd 3.100 Quadratkilometern in der Gebirgskette Sierra Nevada. Er umfasst tief eingeschnittene Täler und Berge mit bis zu fast 4.000 Metern Höhe. Dem entsprechend unterschiedlich sind die klimatischen Verhältnisse (siehe Tabelle). Mit steigender Höhe sinkt im allgemeinen auch die Temperatur. Grundsätzlich kann man sagen, dass zwischen Oktober und Mai rund 75% der Niederschläge im Nationalpark gemessen werden (Subtropisches Winterregenklima). Der größte Teil des Yosemite ist von November bis Mai mit Schnee bedeckt. Nach der Schneeschmelze, in den späten Sommermonaten trocknet der Park dann regelrecht aus. Bedingt durch die vertrocknete Vegetation und Blitzeinschläge bei den häufig in den nachmittags auftretenden Sommergewittern, entstehen oft Waldbrände unterschiedlicher Ausmaße. In jedem Fall stellen sie eine große Gefahr für den Nationalpark dar.

	Wetter Yosemite Valley (1.200 m)			Wetter Tuolumne Meadows (2.620 m)		
	max. durchschn. Temp.	min. durchschn. Temp.	Niederschläge	max. durchschn. Temp.	min. durchschn. Temp.	Niederschläge
Jan.	9° C	-2° C	165 mm	5° C	-12° C	114 mm
Feb.	11° C	-1° C	170 mm	4° C	-12° C	112 mm
März	14° C	1° C	132 mm	7° C	-11° C	96 mm
April	18° C	3° C	71 mm	8° C	-8° C	48 mm
Mai	22° C	7° C	43 mm	13° C	-3° C	30 mm
Juni	27° C	11° C	18 mm	18° C	1° C	20 mm
Juli	32° C	14° C	10 mm	22° C	3° C	23 mm
Aug.	32° C	13° C	2,5 mm	22° C	-2° C	20 mm
Sep.	28° C	11° C	18 mm	18° C	-1° C	18 mm
Okt.	22° C	6° C	53 mm	13° C	-4° C	38 mm
Nov.	13° C	1° C	117 mm	8° C	-8° C	58 mm
Dez.	8° C	-2° C	140 mm	4° C	12° C	119 mm

Yosemite Geologie
Von Gletschern geschaffen

Harter Granit und die Überreste älteren Sedimentgesteins prägen die Geologie der Sierra Nevada und damit auch die des Yosemite Nationalparks. Große Teile der Landschaft waren einst vergletschert. Aus der Interaktion der Gletscher und der darunter liegenden Felsen formten sich die heutigen Strukturen. Noch heute sichtbare Gegebenheiten wie das Yosemite und das Hetch Hetchy Valley, die verschiedenen Wasserfälle, der Half Dome und auch abgelagerte Moränen sind Nachweise dieser Gletscheraktivitäten. Auch der überall im Yosemite präsente polierte Granit ist ein weiterer Hinweis auf die Vergletscherung.

Vor über 100 Millionen Jahren war das Gebiet des heutigen Yosemite Nationalparks von einem riesigen Urzeitmeer bedeckt, auf dessen Boden sich gewaltige Sedimentmassen ablagerten. Dann, vor etwa 20 bis 10 Millionen Jahren bildete sich die Sierra Nevada durch Anhebungen, Verwerfungen und Faltungen des Meeresbodens. Geologisch gesehen ist die Sierra Nevada ein riesiger Block der Erdkruste, der im Osten entlang eines Grenzstörungsgebiets gebrochen und nach Westen aus dem Urzeitmeer emporgehoben wurde. Diese Kombination von Anhebung und Neigung ist der zugrundeliegende geologische Prozess, aus dem die Sierra Nevada entstanden ist.

Vor rund einer Million Jahren sammelten sich große Mengen von Schnee und Eis in den höhergelegenen Gebieten und bildeten Gletscher, die sich durch die Flusstäler abwärts bewegten. Im Yosemite Valley soll das Eis des Gletschers bis zu 1.200 Meter dick gewesen sein. Die hangabwärts „fließenden" Eismaßen, in Verbindung mit den enormen Mengen an mitgeschleiftem Geröll, schmirgelten das Gestein und formten das U-förmige Tal, wie wir es heute kennen.

Topographisch gesehen ist die Sierra Nevada eine asymmetrische Gebirgskette mit einem langen, sanften Westhang und einer kurzen, steilen Ostböschung. Der Gebirgszug ist 80 bis 130 km breit. An seiner Westkante beginnt er nahezu auf Meereshöhe und steigt in Richtung Osten bis weit über 4.000 Meter. Der höchste Gipfel befindet sich im Süden der Sierra Nevada: Mit 4.421 Metern ist der Mount Whitney der höchste Berg der USA außerhalb Alaskas.

Massiver Granit dominiert das Yosemite-Gebiet und einen Großteil der Sierra Nevada. So besteht der 3.309 Meter hohe Mount Hoffmann und der größte Teil des von ihm sichtbaren Geländes aus purem Granit, der tief in der Erde durch Verfestigung von ehemals geschmolzenem Gesteinsmaterial gebildet und anschließend durch Erosion der darüber liegenden Gesteine freigelegt wurde. Aufgrund seiner Massivität und Langlebigkeit sieht man Granit in vielen außergewöhnlichen Formen. Obwohl Granit fast die gesamte Länge der Sierra dominiert, ist der Granit nicht

Erosion und Gletscher formten eine urige und eindrucksvolle Gebirgslandschaft.

monolithisch. Es ist vielmehr eine Zusammensetzung aus zahllosen kleinerern Gesteinskörner, die sich als Magma (geschmolzenes Material) über eine Zeitspanne von mehr als 100 Millionen Jahren verfestigt haben. Diese Vielzahl von Intrusionen ist einer der Gründe, warum es so viele Sorten von Granitfelsen in Yosemite und dem Rest der Sierra gibt. Die Unterschiede sind für den zufälligen Beobachter nicht immer offensichtlich, aber sie spiegeln sich manchmal in subtilen Differenzen in der Erscheinung und in den Reaktionen auf Verwitterung und Erosion wieder, die auf die Felsen einwirken.

In den Ausläufern am westlichen Rand des Parks und entlang des östlichen Randes im Gipfelbereich liegen vermehrt metamorphe Gesteine, Überbleibsel alter Sediment- und Vulkangesteine, die zum Teil durch eindringende granitische Intrusionen deformiert und metamorphisiert wurden. Andere metamorphe Gesteine, die einst die Schicht bildeten, unter der die Granitfelsen erstarrten, wurden vor langer Zeit wegerodiert und legten damit den Granit frei. Nur kleine vereinzelte Reste sind übrig geblieben. Die metamorphen Gesteine sind eher spärlich, sie belegen weniger als 5 Prozent der Fläche des Parks.

Die Entwicklung der Landschaft ist ebenso Teil der geologischen Geschichte wie die Gesteine selbst, und Yosemite ist ein Ort, an dem die Dynamik geologischer Prozesse gut sichtbar ist.

Ein wenig Geschichte
Wie war das noch?

Nach Angaben der Historiker durchstreiften erste Menschen vor 8.000 bis 10.000 Jahren das Gebiet des heutigen Yosemite Nationalparks. Erwiesen ist, dass vor rund 3.000 Jahren bereits Paiute und Miwok Indianer hier siedelten. Sie ernährten sich vorwiegend von Eicheln, Pflanzen, Fischen und Wild.

Durch den Goldrausch zur Mitte des 19. Jahrhunderts stieg die Zahl der Weißen in der Region rapide an, was zu einem harten Konkurrenzkampf zwischen den hier heimischen Paiute und Miwok sowie den zugereisten Minenarbeitern und Siedlern führte. Im Jahr 1851 war das Mariposa Bataillon der US-Armee unter der Leitung von Major Jim Savage am Westende des Yosemite Tals stationiert und kämpfte gegen rund 200 hier ansässige Ahwahneechee Indianer. Chief Tenaya und seine Ahwahneechee wurden schließlich gefangen genommen und ihr Dorf verbrannt. Man brachte sie in ein Reservat in der Nähe von Fresno. Der Häuptling und einige andere durften später in ihre Heimat zurückkehren. Trotz diesen kriegerischen Auseinandersetzungen lebte eine Anzahl von amerikanischen Ureinwohnern weiterhin innerhalb der Grenzen von Yosemite. Eine Reihe von ihnen unterstützte die wachsende Tourismusindustrie, indem sie als Arbeiter oder Dienstmädchen arbeiteten. Später wurden sie selbst ein Teil der Touris-

musindustrie, indem sie Körbe verkauften oder für Touristen auftraten. Ein rekonstruiertes "Indian Village of Ahwahnee" wurde hinter dem Yosemite Museum, neben dem Yosemite Valley Visitor Centre errichtet.

Eine Gruppe von Native Americans am Merced River im Yosemite Valley um 1872.

Kurze Zeit später besuchten erste Touristen Yosemite. Der Siedler Galen Clark entdeckte 1856 den Mariposa Hain mit seinen Riesenmammutbäumen und errichtet in Wawona ein erstes einfaches Hotel, welches er Clark Station nannte. Clark wurde zum ersten Parkaufseher („Guardian of Yosemite") ernannt, nachdem 1864 das Yosemite Valley und der Mariposa Grove, nach der Intervention bedeutender Bürger, unter Schutz gestellt wurden („Yosemite Grant"). 1874 übernahmen die Gebrüder Washburn das Gelände von Clark und bauten dort 1876 das Hotel, das auch heute noch in Betrieb ist. 1883 gab Jean Bruce Washburn dem klassischen viktorianischen Ressort den Namen Wawona Hotel.

Obwohl unter Schutz stehend, wurde Yosemite weiterhin verstärkt kommerziell genutzt. Die Holzin-dustrie fällte Mammut-bäume, Landwirte überweideten die Wie-sen und in Minen wurde nach wertvollen Boden-schätzen gesucht. Dies änderte sich erst, nach-dem der US-Kongress auf Anregung von John Muir das Gebiet am 1. Oktober 1890 per Ge-setz zum Yosemite Na-tionalpark erklärte. Der Staat Californien verwal-

Erste PKW Touristen in Yosemite um 1900.

tete jedoch weiterhin Yosemite Valley und Mariposa Grove - die US-Army sollte für Ruhe und Ordnung sorgen. Dies ging nicht lange gut. Wieder war es John Muir, der den damaligen US Präsidenten Theodore Roosevelt davon überzeugte, dass es besser sei, den Park durch die Bundesregierung verwalten zu lassen.

Die Erschließung des Nationalparks für den Tourismus ging weiter. 1899 eröff-neten zwei Lehrer aus Indiana, David und Jennie Curry, ein Zeltlager in Yose-mite. Die Currys boten Essen und Un-terkunft zu niedrigen Preisen an. „Camp Curry" wuchs im Laufe der Zeit auf Hun-derte von Zelten. Um 1922 verfügte das Camp einen Tanzpavillon, eine Billard-halle, ein Kino, eine Tankstelle und eine Autowerkstatt. Aus Camp Curry ent-stand das heutige Half Dome Village.

Nach langjährigen Auseinandersetzun-gen stimmte der US Kongress 1913 unter gewissen Auflagen dem Bau des O´Shaughnessy Staudamm im Hetch Hetchy Valley zu (Siehe Seite 50). Ein

Jahr später wurde mit den Arbeiten be-gonnen. 1925 ignorierte die Stadt San Francisco die Auflagen und verkaufte das Projekt an die Pacific Gas & Elec-tric (PG&E).

Im Jahr 1916 gewährte der neu ge-gründete National Park Service der „Desmond Park Service Company" eine 20-jährige Konzession. Die Com-pany kaufte oder baute Hotels, Läden, Lager, eine Molkerei, eine Garage und andere Serviceeinrichtungen. Im De-zember 1917 änderte man den Namen in „Yosemite National Park Company". Als der National Park Service 1925 be-schloss, ein Monopol für Hotel- und Gastronomieservice im Park zu schaf-fen, fusionierte die „Yosemite National Park Company" mit der „Curry Com-pany" zur „Yosemite Park & Curry Com-pany" (YP&CC) um die entsprechende Konzession zu erhalten. Als erstes Großprojekt baute die YP&CC das 1927 eröffnete Ahwahnee Hotel (Siehe Seite 41). Die Company wurde 1973 von der „Music Corporation of America" (MCA) übernommen.

John Muir
Der „Vater" des Nationalparks

John Muir war mehr als nur der Namensgeber für den bekannten Wanderweg in der Sierra Nevada, den 340 km langen John Muir Trail. Der am 21. April 1838 in Schottland geborene Ingenieur, Naturforscher und Umweltphilosoph hat mit seinen Briefen, Artikeln und Büchern maßgeblich dazu beigetragen, dass die Naturschätze der Sierra Nevada, insbesondere der Yosemite und der Sequoia Nationalpark bekannt und populär wurden. Gleichzeitig beeinflusste er mit seinem Enthusiasmus gegenüber der Natur Senatoren, Kongressabgeordnete und sogar den Präsidenten, die Gebiete

John Muir - begeisterter Naturforscher und einflussreicher Naturschützer.

unter staatlichen Schutz zu stellen. 1867 reiste Muir erstmals für eine Woche in das Yosemite Tal, von dem er bereits gelesen hatte. Er war begeistert von der eindrucksvollen Schönheit der Natur und blieb. Muir arbeitete hier als Hirte und in einer Sägemühle, baute sich eine einfache Hütte am Yosemite Creek und erforschte in den folgenden zehn Jahren die Berge und Täler bis hin zum Mono Lake.

Das Gesetz zur Gründung des Yosemite Nationalparks am 1.10.1890 folgte im Wesentlichen den Empfehlungen die John Muir in zwei Artikeln vorgeschlagen hatte. Er gehörte 1892 zu den Mitbegründern des „Sierra Club", einer Umweltorganisation die noch heute Einfluss auf die US-amerikanische Umweltpolitik nimmt.

John Muir überzeugte 1903 auch US-Präsident Thedore Roosevelt von der Schönheit des Yosemite Valley.

Nach zahllosen Reisen in die Natur verstarb John Muir am 24. Dezember 1914 in Los Angeles.

Die Visitor Center
Anlaufstellen

Bei jedem Besuch eines Nationalparks sollte das jeweilige Visitor Center erster Anlaufpunkt sein. Hier bekommt der Reisende Informationen aus erster Hand über dem Zustand der Straßen und Wanderwege, über aktuelle Veranstaltungen und natürlich über das lokale Wetter.

● **Yosemite Valley Visitor Center**

Das Valley Visitor Center ist ganzjährig geöffnet und liegt im Yosemite Village unweit des Post Office. Die nächsten Bushaltestellen sind #5 und #9. Parkranger geben hier bereitwillig Auskünfte zu allen den Park betreffenden Themen. Es gibt einen Buchladen (Wanderkarten), Informationen über die Tiere und Pflanzen sowie über die Geschichte des Yosemite Nationalparks. Im angeschlossenen Theater werden zwei Filme gezeigt: Zu jeder vollen Stunde „Yosemite - A Gathering of Spirit" und zu jeder halben Stunde „The Spirit of Yosemite".
Öffnungszeiten: 09:00 - 17:00 Uhr
Tel. 209-372-0299

● **Valley Wilderness Center**

Hier bekommen Bergsteiger und Backpacker Auskünfte und die entsprechenden Permits. Auch die begehrte Genehmigung für die Besteigung des Half Domes ist hier erhältlich. Das Valley Wilderness Center liegt zwischen der Ansel Adams Gallery und der Post im Yosemite Village, in der Nähe des Valley Visitor Centers.
Von Mai bis Oktober täglich von 08:00 - 17:00 Uhr geöffnet. Von November bis April sind die Permits im Valley Visitor Center erhältlich.
Tel. 209-372-0740

● **Wawona Visitor Center**

Das Wawona Visitor Center befindet sich im historischen Hill Studio auf dem

Das Yosemite Valley Visitor Center liegt zentral im „Village".

Rustikaler Treffpunkt der Backpacker: Das Valley Wilderness Center.

Gelände der Big Trees Lodge (ehemals Wawona Hotel). Thomas Hill war ein Landschaftsmaler des 19. Jahrhunderts, der in diesem Gebäude arbeitete und seine Bilder ausstellte.
Geöffnet: Mai bis Oktober täglich von 08:30 bis 17:00 Uhr
Tel. 209-375-9520

● **Tuolumne Visitor Center**
Typisches Visitor Center an der Tioga Road: Informationen, Ausstellungen, Buchladen und Toiletten.
Geöffnet: Ende Mai bis Mitte Oktober (wenn die Tioga Road geöffnet ist)
Öffnungszeiten: 09:00 bis 17:00 Uhr
Tel. 209-372-0263

● **Tuolumne Wilderness Center**
Das Tuolumne Meadows Wilderness Center liegt direkt an der Tioga Road in den Tuolumne Meadows, etwa eine Meile östlich des Visitor Center. Parkplätze stehen am Wilderness Center zur Verfügung.

Geöffnet: Ende Mai bis Mitte Oktober (wenn die Tioga Road geöffnet ist).
Öffnungszeiten: 09:00 bis 17:00 Uhr
Tel. 209-372-0309

Namen sind Schall und Rauch
Nach dem Auslaufen von Verträgen gab es Streitigkeiten um die Namensrechte. Kurzerhand ändert man 2016 die Namen folgender Einrichtungen:
- **Half Dome Village**
  (früher: Curry Village)
- **Yosemite Valley Lodge**
  (früher: Yosemite Lodge)
- **The Majestic Yosemite Hotel**
  (früher: The Ahwahnee)
- **Big Trees Lodge**
  (früher Wawona Hotel)
- **Yosemite Ski & Snowboard Area**
  (früher: Badger Pass Ski Area)
- **Yosemite Conservation Heritage Center**
  (früher: Le Conte Memorial Lodge)

Busfahren im Yosemite

Öffentlicher Nahverkehr

rikanischen Feiertagen oft überlaufen ist. Auf den Straßen staut sich der Verkehr, die Parkplätze sind überfüllt. Um diesem Chaos ein wenig abzuhelfen, hat der NPS das kostenlose Yosemite Valley Shuttle System eingerichtet

Rund 95 % der über 5 Millionen Yosemite-Touristen besuchen Jahr für Jahr das Yosemite Valley. Dies hat zur Folge, dass das wunderschöne Tal in der Hauptsaison und auch an den ame-

Yosemite Valley Shuttle

Das Yosemite Valley Shuttle-System bietet bequemen Zugang zum Yosemite Valley. Dieser kostenlose Busservice verbindet 19 Haltestellen im

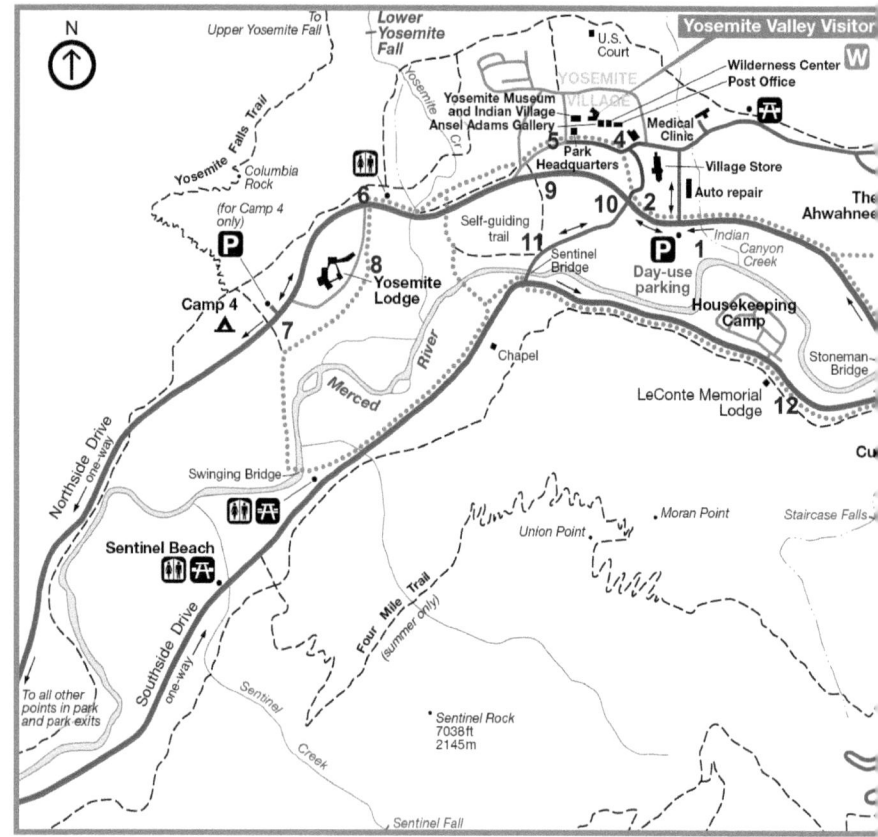

1 Visitor Parking
2 Yosemite Village
3 The Majestic Yosemite Hotel
4 Degnan's Grill
5 Valley Visitor Center
6 Lower Yesemite Fall
7 Camp 4

8 Yosemite Valley Lodge
9 Valley Visitor Center
10 Yosemite Village
11 Sentinel Bridge
12 Housekeeping Camp
13a Recreation Rentals
13b Half Dome Village

östlichen Yosemite Valley. Diese Busse fahren das ganze Jahr täglich von von 7:00 bis 22:00 Uhr.

El Capitan Shuttle
Dieser Bus hält am El Capitan, dem Four Mile Trailhead und dem Valley Visitor Center. Er fährt von Mitte Juni bis Anfang Oktober täglich von 9:00 bis 17:00 Uhr.

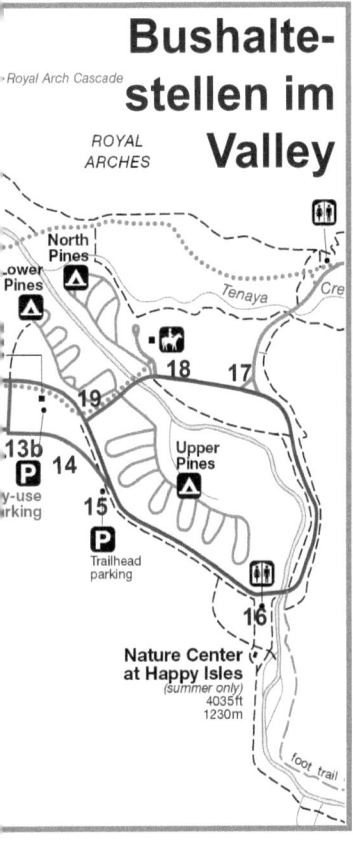

Bushalte-stellen im Valley

14 Half Dome Village Parking
15 Upper Pines Campground
16 Happy Isles
17 Mirror Lake Trailhead
18 Stable
19 Pines Campground

Tuolumne Meadows Hikers Bus
Neben dem Yosemite Valley sind auch die Tuolumne Meadows ein stark besuchtes Ziel im Nationalpark. Herrliche Wildblumenwiesen, beeindruckende Aussichten und scheinbar endlose Wanderwege sind die Höhepunkte der Meadows. Der Tuolumne Meadows Hikers Bus (kostenpflichtig) verbindet das Yosemite Valley mit den Tuolumne Meadows. Der Service ist von ungefähr Mitte Juni bis Anfang September verfügbar. Weitere Infos in den Visitor Centern.

Fahrplan	hin	zurück
Half Dome Village	8:00	16:15
Yosemite Village	8:05	16:10
Yosem.Valley Lodge	8:20	16:05
Crane Flat	9:05	15:25
White Wolf	9:35	15:00
May Lake Junc.	9:55	14:35
Olmstead Point	10:00	
Tenaya Lake	10:10	14:30
Tuolumne Store	10:25	14:15
Tuolumne Lodge	10:35	14:05

Tuolumne Meadows Shuttle
Der kostenpflichtige Tuolumne Meadows Shuttle bietet im Sommer (in der Regel Mitte Juni bis Mitte September) bequemen Zugang zu den Tuolumne Meadows. Der Bus verkehrt zwischen Tuolumne Meadows und Olmsted Point jede halbe Stunde zwischen 7.00 und 19.00 Uhr und fährt dabei die folgenden Haltestellen an:
Tuolumne Meadows Lodge (7:00-18:00)
Dog Lake Parking
Tuolumne Meadows Wilderness Center
Lembert Dome
Tuolumne Meadows Campground
Tuolumne Meadows Visitor Center
Cathedral Lakes Trailhead

Pothole Dome
Tenaya Lake (östlicher Teil)
Sunrise Lakes Trailhead
May Lake Trailhead
Olmsted Point (7:30 - 18:00 Uhr)

Glacier Point Tour

Wer den Glacier Point nicht mit dem eigenen Auto anfahren kann, nimmt den Glacier Point Shuttle. Die Busse fahren drei mal täglich von der Yosemite Valley Lodge (ehemals Yosemite Lodge) ab. Die Tickets (52 $) müssen mindestens 15 Minuten vor der Abfahrtszeit am Yosemite Valley Lodge Tour- und Activity Desk neben der Reception in der Hotellobby abgeholt werden. Der Service ist verfügbar, wenn die Glacier Point Road geöffnet ist (normalerweise von Ende Mai bis Oktober). Es besteht auch die Möglichkeit, ein One-Way-Ticket (26 $) zu kaufen und dann vom Glacier Point z.B. über den Four-Mile-Trail zurück ins Yosemite Valley zu wandern (siehe auch Seite 57).
Abfahrtzeiten: 8:30, 10:30, 13:30 Uhr

Mariposa Grove Shuttle

Dieser kostenlose Shuttle fährt regelmäßig vom Mariposa Grove Welcome Plaza zur Mariposa Grove.
Betriebszeiten:
15. März - 14. Mai: 8:00 bis 17:00 Uhr (der letzte Bus fährt um 17:00 Uhr ab Mariposa Grove)
15. Mai - 14. Oktober: 8:00 bis 20:00 Uhr (der letzte Bus fährt um 20:00 Uhr ab Mariposa Grove)
15. Oktober bis 30. November: 8:00 bis 17:00 Uhr (der letzte Bus fährt um 17:00 Uhr vom Mariposa Grove ab)

Yosemite Ski & Snowboard Area (ehemals Badger Pass)

Der kostenlose Shuttle fährt zweimal täglich zwischen dem Yosemite Valley und der Yosemite Ski & Snowboard Area, wenn die Einrichtungen im Skigebiet geöffnet sind (in der Regel Mitte Dezember bis März).

Wildtiere im Yosemite Nationalpark
Artenvielfalt

Der Yosemite Nationalpark mit seinen ausgedehnten Wiesen und prächtigen Kiefern-, Tannen- sowie Mammutbaumwäldern bewahrt die eindrucksvolle Landschaft der Sierra Nevada in dem Zustand, der vor der euro-amerikanischen Besiedlung herrschte. Im Gegensatz zu den umliegenden Gebieten, die durch Abholzung erheblich verändert wurden, enthält der Park noch etwa 291.260 ha des urprünglichen Waldes. Die vielfältigen Lebensräume geben insgesamt über 250 Arten von Wirbeltieren, darunter Fische, Amphibien, Reptilien, Vögel und Säugetiere ein Zuhause. Die hohe Artenvielfalt resultiert aus den weitgehend intakten biologischen Umfeldern im Yosemite. Die vielfältigen Lebensräume des Nationalparks reichen von einem bewaldeten Vorgebirge über Wiesen und ausgedehnten Mischwäldern bis hin zu weitläufigen alpinen Felslandschaften.

Im Yosemite Valley leben viele grasfressende Tierarten, denen die üppigen Wiesen als Nahrungsquelle dienen. Dabei wird von vielen Tieren die Schnittstelle zwischen Wiese und Wald wegen der Nähe von offenen Bereichen für die Nahrungssuche und schützenden Deckung im dichten Wald bevorzugt. Insgesamt bieten die weitläufigen Nadelwälder des Parks - mit einem relativ milden Klima und einer Mischung aus verschiedenen Pflanzenarten - einen üppigen Lebensraum für

Der Umgang mit Wildtieren

● **Abstand halten!**
Obwohl viele Tiere harmlos, friedlich und sogar neugierig wirken, kann ihre Stimmung von einer auf die andere Sekunde umschlagen und sie greifen an. Daher sollte man unbedingt zu seiner eigenen, aber auch zur Sicherheit der Tiere, die vorgegebene Sicherheitsabstände einhalten. Die Ranger empfehlen bei Elchen, Hirschen, Dickhornschafen, Bisons und Berglöwen mindestens 30 Meter. Wer einmal einen wütenden Bison oder einen Hirsch während der Brunft erlebt hat, weiß, um was es geht. Übrigens, die meisten Verletzungen bei Parkbesuchern werden durch die „niedlichen" Squirrels verursacht. Sie haben sehr scharfe Zähne und können auch Krankheiten übertragen.

● **Niemals füttern!**
Das Füttern von Wildtieren bietet Gefahren sowohl für den Menschen, als auch für das bedachte Tier. Krankheiten können dabei in beide Richtungen übertragen werden. Für den Menschen sind besonders Tollwut, Beulenpest oder das Hantavirus eine große Gefahr. Auch kann es zu Kratzern, Bissen oder Prellungen kommen. Eine nicht artgerechte Nahrung kann die Tiere langfristig schädigen und sogar zum Tode führen. Oder sie gewöhnen sich an die Fütterung durch unvernüftige Touristen und legen keine Vorräte mehr für den Winter an. Dies kann zum qualvollen Tod durch verhungern führen.
Wild soll wild bleiben.

Wildtiere. In höheren Lagen sind weniger Wildarten zu finden, was teilweise auf geringere Komplexität des Waldes zurückzuführen ist. Oberhalb der Baumgrenze schränkt die extrem kurze Wachstumsperiode die Natur noch weiter ein.

Trotz des hohen Anzahl unterschiedlicher, hochwertiger Biotope, leben im Park etwa 40 bedrohte Tierarten, die unter dem Schutz der kalifornischen Artenschutzgesetze stehen. Drei Arten - der Grizzlybär, der kalifornische rotfüßige Frosch sowie der gelbfüßige Frosch - gelten in der jüngeren Geschichte des Parks bereits als ausgerottet. Ernsthafte Bedrohungen für die Tierwelt von Yosemite und die von ihnen besetzten Ökosysteme sind das Einführen nichtheimischer Arten, die Luftverschmutzung, die Lebensraumzerschneidung und natürlich der Klimawandel.

Zu den bekanntesten Tieren im Park gehören:

● **Schwarzbär (Ursus americanus)**
Der Name ist irreführend. Nach einer Studie haben nur 9 % der Amerikanische Schwarzbären, die im Yosemite Nationalpark leben, ein schwarzes Fell. Die restlichen 91 Prozent verfügen über ein Fell in verschiedensten Braun-Schattierungen bis hin zum hellen Blond. Im Gegensatz zum mächtigen Grizzly, der auf dem Gebiet des Yosemite seit 1920 als ausgestorben gilt, ist der Blackbear mit einem Durchschnittsgewicht von um die 100 kg deutlich kleiner. Weibchen kommen auf 40 bis 230 kg, ausgewachsene Männchen bringen 50 bis 300 kg auf die Waage. Am schwersten sind die Bären im Herbst, wenn sie sich Fettvorräte für den Winterschlaf angefressen haben. Als Allesfresser ernähren sich Schwarzbären hauptsächlich Eicheln,

Wenn es juckt, schrubbelen sich Schwarzbären den Pelz gerne an knorrigen Bäumen.

Beeren, Gräsern und Wurzeln. Auch Aas steht auf ihrem Speiseplan.

Mit ihrem außergewöhnlichen Geruchssinn werden Bären von den Überresten menschlicher Lebensmittel oder Haushaltsmüll wie magisch angezogen. Auf Nahrungssuche verursachen sie jedes Jahr Sachschäden an Fahrzeugen und Campingausrüstungen in Höhe von mehreren hunderttausend Dollar. Aus diesem Grund sollte man auf keinen Fall Lebensmittel oder andere stark riechende Gegenstände (Kosmetika, Zahnpasta, Shampoo oder ähnliches) im Fahrzeug oder Zelt aufbewahren. Der Nationalpark Service hat zu diesem Zweck auf allen Campingplätzen bärensichere Schließflächer aufgestellt, deren sachgerechte Nutzung vorgeschrieben ist.

● **Waschbär (Procyon lotor)**
Auch die dämmerungs- und nachtaktiven Waschbären stöbern gerne in menschlichen Abfällen, kaum eine normale Mülltonne ist vor ihnen sicher. Man sollte sich von ihrem possierlichen Äußerem wie z.B. der charakteristischen Gesichtszeichnung nicht täuschen lassen - die Allesfresser mit einem Gewicht von 3,6 bis 9 kg gehören zu den Raubtieren. Der Speiseplan der Kleinbären besteht zu etwa 40 Prozent aus pflanzlicher Kost, zu 33 Prozent ernähren sie sich von Weichtieren und zu 27 Prozent von von kleinen Wirbeltieren. Auch Waschbären fressen sich im Herbst eine dicke Speckschicht an, um den Winter zu überleben. Ihr Gewicht kann sich dabei verdoppeln. Er hält keinen Winterschlaf, sondern nur eine Winterruhe, in der er seine Ak-

Schwarzbären

Begegnet man einem Bären, so hängt es von der jeweiligen Situation ab, wie man reagieren sollte. Der NPS bittet darum, ihn unter der Telefonnummer 209-372-0322 über Ort und Zeit der Bärensichtung zu informieren.

Findet der Kontakt in einem ausgebauten Gebiet statt (z. B. Campingplat oder Parkplatz, Unterkunft) sollte man sofort agieren, um den Bären zu vertreiben: Lautes Schreien oder Topfschlagen hilft dabei. Mehrere Menschen können sich zusammenstellen, ihn aber nicht einkreisen. Dabei geht es nicht darum, den Bären zu schädigen oder einzufangen, sondern ihn aus der Gegend zu verscheuchen und seine natürliche Angst vor Menschen durch eine negative Erfahrung wieder herzustellen.

Trifft man in der freien Natur auf einen Bären, sollte auf jeden Fall ein Sicherheitsabstand von mindestens 50 Metern eingehalten werden. Ohne das Tier aus den Augen zu lassen, zieht man sich ruhig und besonnen rückwärts zurück und geht dem Bären weiträumig aus dem Weg.

Bären, die sich an Menschen gewöhnen verlieren ihre natürliche Angst vor uns und können aggressiv werden - dann müssen sie u.U. leider getötet werden.

Bärenspray ist in Yosemite übrigens verboten!

tivitäten (Futtersammeln, Jagd usw.) stark eingeschränkt. Ein Biß von einem Waschbären ist für den Menschen sehr schmerzhaft und kann auch die Tollwut übertragen.

● **Berglöwen**

Berglöwen - auch Cougars, Pumas oder Panther genannt - sind ebenfalls im Yosemite zu Hause. Sie durchstreifen die Berge und Täler und sind ein Teil der Natur. Die ausgewachsenen Tiere erreichen eine Schulterhöhe von 60 bis 90 cm und die Männchen werden bis 80 kg schwer. Die scheuen Einzelgänger ernähren sich von kleineren Säugetieren wie Waschbären oder Kojoten, reißen aber auch schwache Dickhornschafe. Angriffe auf Menschen sind eher selten - Berglöwen betrachten den Menschen im Allgemeinen nicht als Beute. Trotzdem sollte man vermeiden, allein zu wandern oder zu joggen. Bei der Begegnung mit einem Berglöwen empfiehlt es sich, auf keinen Fall panisch wegzulaufen oder sich gar zu ducken. Die Ranger empfehlen sich groß zu machen, mit dem Armen über dem Kopf fuchteln und das Tier anzuschreien. Notfalls Steine werfen, um den Puma zu vertreiben. Kommt es trotz allem zu einem Angriff, unbedingt wehren!

Der NPS bittet, Sichtungen von Berglöwen über die Telefonnummer 209-379-1992 zu melden.

● **Fledermäuse**

Der Yosemite Nationalpark beherbergt 15 unterschiedliche Fledermausarten, die einzigen fliegenden Säugetiere, darunter auch die seltene Spotted Bat. Diese Fleckfledermaus (Euderma maculatum) bekam ihren Namen aufgrund der drei markanten weissen Flecken auf ihrem ansonsten schwarzen Rücken. Sie hat die grössten Ohren aller

Er sieht aus, als könnte er kein Wässerchen trüben. Aber er hat es fasutdick hinter seinen Waschbärohren.

in Nordamerika lebenden Fledermäusen. Die meisten Fledermäuse fressen Insekten, die sie in der Nacht jagen. So ist die Little Brown Bat (Myotis lucifugus), in der Lage, bis zu 1.200 Moskitos in der Stunde zu fressen. Andere ernähren sich von kleinen Fischen und wieder andere nehmen den Nektar von früchtetragenden Pflanzen auf und helfen so dabei, die Pflanzen zu bestäuben. Fledermäuse finden ihre Nahrung durch Echoortung - hochfrequente Töne, die von Objekten, wie zum Beispiel den Insekten, reflektiert werden. Leider ist die Fledermauspopulation in den letzten 25 Jahren durch Pestizide und Krankheiten stark zurückgegangen. Auch der Verlust der angestammten Lebensräume und Störungen durch den Menschen sind weitere Gründe für den Rückgang. Im Yosemite Nationalpark lebt die derzeit letzte Population der Spotted Bat in ganz Kalifornien.

● **Sierra Dickhornschaf (Ovis canadensis sierra)**

Die Dickhornschafe der Sierra Nevada sind nach einer Abwesenheit von über 100 Jahren wieder zurück nach Yosemite gekommen. Mit einem Gewicht von bis zu 140 kg gehört diese Art zu den größeren einheimische Tieren im Park. Die Weibchen kommen im Durchschnitt auf 70 kg. Die Männchen tragen die markanten, nach hinten bis über die Ohren gedrehten massiven Hörner. Diese können bei älteren Böcken bis zu 14 Kilogramm wiegen. Die Hörner der Weibchen sind bedeutend kleiner und drehen sich nicht ein. Obwohl die Bighornschafe im Allgemeinen im gebirgigen Gelände leben, sieht man die charismatischen, tagaktiven Tiere auch immer wieder auf den Wiesen in den Tälern des Yosemite Nationalparks grasen. Die nur schwer erreichbaren Canyons bieten den Tieren abgelegene und sichere Zufluchtsorte.

Bis zu 14 kg wiegen die als Rammbock genutzten Hörner der Dickhornschafe. Wer mal erlebt hat, wie sie damit gegen Leitplanken donnern, ahnt wie gefährlich sie sind.

● **Maultierhirsch**
(Odocoileus hemionus)

Genetisch hat diese Hirschart gar nichts mit den Maultieren zu tun. Lediglich die Form und die Größe der Ohren erinnert an die Kreuzung von Pferdestute und Eselshengst. Bei einer Kopfrumpflänge von knapp zwei Metern bringen sie es auf ein Gewicht von durchschnittlich 90 kg. Es wurden aber auch schon Tiere von über 200 kg gesichtet. Maultierhirsche sind im westlichen Nordamerika sehr verbreitet und eines der am häufigsten gesehenen Säugetiere im Yosemite Nationalpark. Sie ernähren sich von den Blättern und zarten Zweigen der Bäume, von Gras und Kräutern. Männliche Maultierhirsche entwickeln jedes Jahr ein Geweih, dessen Größe visuell die Dominanzhierarchie der Männchen ausdrückt. Obwohl sie Menschen im Normalfall nicht angreifen, sollten auch die Hirsche wie jedes andere wilde Tier behandelt werden.

● **Nagetiere**

Die meisten Säugetierarten im Bereich des Yosemite Nationalparks sind Nagetiere. Neben Mäusen, Gophern (Taschenratten), Erdhörnchen und Chipmunks (Streifenhörnchen) gehören auch Eichhörnchen (Squirrel) zu dieser biologischen Ordnung.

Das Western Gray Squirrel oder auch Grauhörnchen (Sciurus carolinensis) ähnelt unserem europäischen Eichhörnchen, hat aber ein graues Fell. Es besitzt einen langen buschigen Schwanz zum balancieren und verbringt viel Zeit auf Bäumen.

Das Douglas Squirrel oder auch Chickaree (Tamiasciurus) ist ein rötliches Baumhörnchen, das hauptsächlich in Nadelwäldern lebt. Das etwa 20 cm lange Leichtgewicht (maximal 300 Gramm) ernährt sich von Kiefernzapfen, Nüssen und Früchten.

Maultierhirsche - hier ein Jungtier - erkennt man in erster Linie an ihren außergewöhnlich großen Ohren.

Das kalifornische Ground Squirrel das am häufigsten gesehene Eichhörnchen in Yosemite Nationalpark. Es ist braun, kann weiße Flecken haben und lebt in Höhlen und Felsspalten.

Das größte einheimische Nagetier der Sierra Nevada ist mit einem Körperlänge von bis zu 70 cm und einem Gewicht von bis zu 4 kg das Gelbbauchmurmeltier (Marmota flaviventris), welches in höheren Lagen um 2.000 Metern z.B. an der Tioga Road lebt und sich oft auf Felsen sonnt. Es verdankt seinen Namen seinem Bauchpelz, der, im Gegensatz zum graubraunen Rückenpelz, gelbbraun ist.

Im Yosemite Nationalpark lebt auch eine große Vielfalt von Reptilien. Man findet hier 22 verschiedene Arten, darunter eine Schildkröte, sieben Eidechsen, eine Glattechse (Skink) und sogar 13 Schlangen.

Erstaunliche 262 Vogelarten wurden in Yosemite dokumentiert, darunter 165 heimische, aber auch viele Zugvögelarten. Der Schlüssel zur außergewöhnlichen Vogelvielfalt des Parks ist seine Habitatvielfalt in Höhen von 600 bis fast 4.000 Metern. Dementsprechend variiert das Klima dramatisch von milden Wintern und heißen trockenen Sommern in den Ausläufern der Sierra Nevda bis hin zu harten langen Wintern und kurzen Sommern in den alpinen Gebieten. Da der jährliche Lebenszyklus der Vögel untrennbar mit dem Klima ihrer Umgebung verbunden ist, haben u.U. gleiche Arten, die aber in unterschiedliche Höhenlagen leben, verschiedenen Lebensgewohnheiten.

Vogelfreunde, die den Yosemite Nationalpark besuchen, werden je nach Jahreszeit und Lebensraum verschiedene Vogelarten sehen und erleben. Während des Winters ist es ein Vergnügen,

Die kalifornischen Ground Squirrels sind fast überall im Park präsent. Aber bitte nicht füttern - man tut ihnen damit keinen Gefallen.

John Muirs Lieblingsvogel, den amerikanischen Schöpflöffel, zu beobachten, wenn er auf der Suche nach Wasserinsekten und kleinen Elritzen sich unter das Eis stürzt. Im Frühling und Herbst können viele Zugvögel beobachtet und gehört werden, während sie eifrig nach Insekten, Samen oder Beeren suchen. Sie bauen damit Fettreserven auf, um sich mit „Treibstoff" für ihre weitere Reise zu versorgen. Der Frühling im Yosemite ist besonders aufregend, wenn Schwärme von Singvögeln wie Grasmücken, Vireos oder Tangaren mit bunten Federn und melodischen Gezwitscher durch die verschiedenen Landschaften ziehen.

Zu den besonderen Vögeln gehört auch der erstaunliche

● **Diademhäher (Cyanocitta stelleri)** Von den Amerikanern Steller's Jay genannt, ist er einer der am häufigsten gesichteten Vögel im Yosemite Natio-

nalpark. Mit seinem schwarz-blauen Federkleid und seinem kecken Federschmuck auf dem Kopf fällt er jedem Touristen sofort ins Auge. Dabei sind seine Federn gar nicht blau pigmentiert.

Vögel mit gelben oder roten Federn bekommen normalerweise ihre Farbe durch Pigmente aus den Lebensmitteln, die sie fressen. Der Verdauungsprozess zerstört dabei aber die blauen Pigmente. Woher kommt nun die blaue Farbe des Steller's Jay?

Federn bestehen aus Keratin, einem ähnlichen Material, aus dem auch unsere Fingernägel bestehen. In jeder Zelle der Federn wachsen Keratinmoleküle und bilden ein spezielles Muster. Stirbt die Zelle ab, bleibt die Struktur von Keratin, durchsetzt mit Lufttaschen, erhalten. Trifft nun Sonnenlicht auf eine dieser Federn, dann bewirkt

Der blauschwarze Steller's Jay - ein außergewöhnlicher Vogel.

das Keratinmuster, dass sich rote und gelbe Wellenlängen gegenseitig aufheben. Vom Sonnenlicht werden nur die blauen Wellenlängen reflektiert und geben somit der Feder ihre Farbe. Verschiedene Formen und Größen von Lufttaschen und Keratin ergeben die verschiedene Blautöne. Wissenschaftler nennen dies eine strukturelle Farbe (im Gegensatz zur pigmentierten Farbe).

In letzter Zeit gewinnt man immer mehr den Eindruck, als ob der Steller's Jay seine natürliche Scheu vor den Menschen verloren hat. Immer öfter sieht man ihn auf den Campgrounds oder den Gastronomieobjekten des Yosemite Nationalparks unter Tischen und Bänken nach Krümmeln suchen. Von anwesenden Menschen lässt er sich dabei kaum noch stören. Mit einer Körpergröße von etwa 30 bis 34 cm ist der Steller's Jay etwa taubengroß und

kann überall im Yosemite beobachtet werden.

Die beste Zeit für die Tierbeobachtung sind die frühen Morgen- oder auch die Abendstunden, wenn die Tiere auf Nahrungssuche sind und ihre schützende Umgebung verlassen. Ein gutes Fernglas oder ein Teleobjektiv mit langer Brennweite für die Fotografie sind dabei eine große Hilfe. Auf jeden Fall sollten die Sicherheitsvorgaben der Park Ranger beachtet werden. Dabei geht es nicht nur darum, den notwendigen Lebenraum der Tiere zu respektieren, sondern auch um den Schutz der Touristen. Insbesondere Muttertiere mit Jungen sind unberechenbar und können Menschen unvermittelt angreifen, um ihren Nachwuchs zu verteidigen. Informationen zur Tierbeobachtung geben die Ranger in allen Visitor Centern des Nationalparks.

Bei manchen Tieren muss man schon sehr genau hinschauen, um sie zu sehen.

Yosemite Nationalpark
Die Top 10

●1 Half Dome

2.693 Meter hoch ist der Berg, der - nicht zuletzt wegen den eindrucksvollen Fotografien von Ansel Adams (siehe auch Seite 46) - zum Wahrzeichen des Yosemite avancierte und in seiner Einzigartigkeit sicherlich auch das meist fotografierte Motiv innerhalb der Nationalparkgrenzen ist.

Am östlichen Ende des Yosemite Valley erhebt sich der gewaltige Granitbrocken rund 1.444 Meter hoch über dem Talboden. Die markante, vom Tal aus sichtbare steile Nordwestflanke formte ein eiszeitlicher Gletscher, der vor tausenden Jahren durch das Valley abwärts strömte. Diese fast senkrechte Wand wurde 1957 erstmals bestiegen. Royal Robbins, Mike Sherrick und Jerry Gallwas brauchten für die heute „Regular Northwest Face" genannte Tour ganze fünf Tage. Es war der erste Aufstieg mit dem Schwierigkeitsgrad VI (nach UIAA) in den Vereinigten Staaten.

Einfacher ist der 13,7 km lange Wanderweg über die abgerundete Ostseite des Half Dome (siehe auch Seite 57). Dieser, auch Cable Route genannte Trail, überwindet in zahlreichen Serpentinen die 1.450 m Höhenunterschied vom Happy Isles Natur Center im Tal bis zum Gipfelplateau. Schwierig dabei - entsprechende Kondition vorausgesetzt - sind nur die letzten 120 Höhenmeter vor dem Ziel. Hier geht es mit einer Steigung von bis zu 45° über den blanken, glatten Granit - nicht ganz ungefährlich. Um die Angelegenheit ein wenig sicherer zu machen, spannt die Nationalpark Verwaltung alljährlich von Ende Mai bis Mitte Oktober zwei Stahlseile, die den Wanderen auf dem steilen Stück Halt geben sollen.

Hoch über dem Yosemite Tal thront die markante Nordwestwand des Half Dome.

An tiefblauen, kristallklaren Bergseen vorbei schraubt sich die Tioga Road durch die Höhen der Sierra Nevada.

●2 Tioga Road

Die Tioga Road (Östlicher Teil des California Highway 120), schlängelt sich durch die sehenswerten und eindrucksvollen Hochgebirgslandschaften der Sierra Nevada. Bereits in den Jahren 1882/83 als Zufahrtstraße für eine Mine gebaut, wurde sie 1961 neu trassiert und erweitert. Die Straße zieht sich durch eine malerische Landschaft mit glitzernden Seen, duftenden Wiesen, Fels- und Bergkuppen, die vor nur 10.000 Jahren noch unter Gletschern begraben lagen. Von den vielen Aussichtspunkten entlang der Straße bieten sich immer wieder faszinierende Ausblicke. Am Tiogapass überquert die Straße in einer Höhe von 3.031 Metern den Kamm der Sierra Nevada und ist damit die höchstgelegene Autostraße Kaliforniens. Allerdings ist der Tioga Pass vom Herbst (meist Oktober/ November) bis in das späte Frühjahr hinein (Ende Mai oder auch bis Ende

Juni je nach Schneelage) gesperrt (Siehe auch Seite 17).

●3 Mariposa Grove of Giants Sequoias (siehe Karte Seite 64)

Mariposa Grove ist ein Sequoiawald in der Nähe von Wawona, im südlichen Teil des Yosemite Nationalparks. Mit mehreren hundert ausgewachsenen Exemplaren ist es ist die größte Ansammlung von Mammutbäume im Park. Zwei der Bäume gehören zu den 30 größten Mammutbäumen der Welt.

Als ältesten Baum im Sequoiawald stufen die Forscher den „**Grizzly Giant**" ein. Sein Alter wird auf 1.900 bis 2.400 Jahre geschätzt. Er hat ein Volumen von von rund 963 m^3 und gilt damit als einer der 25 größten Bäume der Welt. Immerhin ist er 64 Meter hoch und hat an seiner Basis einen Durchmesser von 9,1 Metern bzw. einen Umfang von

28 Metern. Der unterste Zweig des Grizzly Giant hat einen Durchmesser von satten 2 Metern.

Weitere berühmte Bäume:
- der **„Columbia Tree"** ist mit einer Höhe von 87 Metern der höchste Baum im Yosemite Park.

- der **„Fallen Monarch"** (direkt am Eingangsbereich): Biologen vermuten, dass dieser Baum bereits vor mehreren hundert Jahren umstürzte und seit dem dort liegt. Die Tanninsäure im Holz verhindert die Bildung von Pilzen und Bakterien und damit die Verfaulung des entwurzelten Mammutbaumes. Erst wenn das Tannin durch Regen und geschmolzenen Schnee aus dem Holz ausgewaschen wurde, beginnt der Baum zu vermodern. An diesem Exemplar sieht man deutlich, dass die Mammutbäume keine tiefen Pfahlwurzeln haben. Stattdessen breiten sich die Wurzeln zur Aufnahme von Wasser dicht unter der Bodenoberfläche aus - kaum tiefer als zwei Meter, aber im Umkreis bis zu 45 Metern, um dem Baum einen stabilen Stand zu geben.

- der Doppelbaum **„Faithful Couple"**. Dabei handelt es sich um den seltenen Fall, dass zwei Sequoias so nah beeinander gewachsen waren, dass ihre Stämme an der Basis zusammenwuchsen. Auf der gegenüberliegenden Seite des Wegs stehen zwei kleinere Bäume, die in vielleicht 500 Jahren eventuell das nächste „treue Paar" sein werden.

- der **„California Tunnel Tree"**. Er wurde 1895 ausgehöhlt, um Pferdekutschen die Durchfahrt zu ermöglichen

(und als „Marketingprogramm", um Besucher in den Hain zu locken). Dies ist heute im Park der einzige lebende Riesenmammutbaum mit einem Tunnel nach dem 1969 der Wawona-Tunnelbaum (s.u.) und 2017 der Pioneer Cabin Tree umstürzten.

- der **„Wawona Tree"** wurde im neunzehnten Jahrhundert an seiner Basis ausgehöhlt um einen Tunnel zu schaffen, der breit genug für Pferdekutschen war. Geschwächt durch die große Öffnung an seiner Basis, stürzte der uralte Baum schließlich 1969 in einem schweren Sturm um. Sein Zusammenbruch wird als Wendepunkt im Erhaltungsprogramm in den Nationalparks in den Vereinigten Staaten gesehen. Der

Mammutbaum (Sequoia)

... oder besser gesagt der Riesenmammutbaum (Sequoiadendron giganteum) gehört zur Pflanzenfamilie der Zypressengewächse. Die Ökologie der weit über 80 Meter hoch wachsenden Bäume ist komplex und wurde erst in den letzten Jahrzehnten von der Wissenschaft hinreichend erforscht. Mit ihrer dicken, feuerbeständigen Rinde widerstanden die Bäume den hier immer wieder auftretenden Waldbränden. Mehr noch - sie brauchen das Feuer, um sich zu vermehren. Denn die Waldbrände sorgten für ein mineralienreiches Erdreich und vernichteten das Altholz, dass die Fortpflanzung der Mammutbäume hemmte. Heute werden vom NPS künstliche Brände gelegt um die Wachstumsbedingungen des Waldes zu verbessern,

Auf dem „Fallen Monarch" präsentierte sich 1899 eine Einheit der 6. Kavalleriie.

Schock des Zusammenbruchs des Baumes war so gravierend, dass das Bewusstsein für die Empfindlichkeit der Ökosysteme größer wurde.

- der **„Clothespin Tree"**: Mehrere Waldbrände haben im Laufe der Jahrhunderte im Stamm dieses Baumes einen natürlichen Tunnel geschaffen, der breiter als ein Auto ist.

- der **„Telescope Tree"**: Ein Baum, der durch wiederholte Feuer im Laufe der Jahrzehnte völlig ausgehöhlt wurde. Trotzdem lebt der Baum immer noch, da Riesen Mammutbäume keinen ganzen Stamm zum Überleben benötigen. Dieser Sequoia (und auch der Clothespin Tree) könnte jederzeit umkippen. Es ist möglich, das Innere des Baumes zu betreten und von dort aus den Himmel zu sehen.

Immer einen Besuch wert ist auch das rustikale Mariposa Grove Museum. Hier findet man eine Ausstellung über die Ökologie und die Geschichte von Mammutbäumen, zudem stehen Bücher und Postkarten zum Verkauf. Das Mariposa Grove Museum wurde 1930 erbaut und 1978 in das National Register of Historic Places aufgenommen.

●4 The Majestic Yosemite Hotel (ehemals The Ahwahnee)

Das The Majestic Yosemite Hotel ist ein Grand Hotel mitten im Yosemite Valley. Es wurde 1927 als „The Ahwahnee" eröffnet. Der Entwurf für das Hotel stammt vom Architekten Gilbert Stanley Underwood, der auch die Zion Lodge, die Bryce Canyon Lodge und die Grand Canyon North Rim Lodge entworfen hat. Es gilt als ein Meisterwerk der "Parkarchitektur" und sollte sich mit seinem rustikalen Ambiente der Umgebung anpassen. Das Hotel liegt unterhalb der Royal Arches-Felsformation in einem Wiesengebiet, in dem vor langer Zeit ein Dorf der einheimischen Miwoks stand. Der Standort wurde wegen seiner grandiosen Aussicht auf viele Sehenswürdigkeiten in Yosemite, einschließlich Glacier Point, Half Dome und Yosemite Falls ausgewählt.

Im Hotelkomplex wurden rund 4.535 Tonnen Granit, 907 Tonnen Stahl und 9.140 laufende Meter Holz verbaut. Die sichtbaren Holzverkleidungen an der Außenfassade des Hotels besteht tatsächlich aus gebeiztem Beton, der in Formen gegossen wurde, um ein Holzmuster zu simulieren. Beton wurde als Material für die äußeren "Holzelemente" gewählt, um dem Hotel eine gewisse Feuersicherheit zu verleihen. Der

Bau dauerte elf Monate und kostete nach Fertigstellung im Juli 1927 1.225.000 US-Dollar. Nachdem die Bauarbeiten abgeschlossen waren, begann das Unternehmen mit einer Werbekampagne, um die neuen Annehmlichkeiten zu präsentieren.

Nach der Fertigstellung verfügte das Y-förmige Gebäude über 97 Hotelzimmer, Salons und Suiten, die jeweils mit originalem indianischen Design gestaltet waren. 24 zusätzliche Cottages erweiterten die Gesamtzahl der Zimmer auf 121. Noch kurz vor der Eröffnung bemerkte der Direktor, dass durch den Eingang (Porte-cochere) an der Westseite des Gebäudes Abgase der dort vorfahrenden Fahrzeuge eindringen könnten. Hastig wurde auf der Ostseite des Hotels ein neuer Zugang aus Douglas-Tannenholz und ein Parkbereich

Seit dem 1. März 2016 hat das Grand Hotel im Yosemite Valley einen neuen Namen: „The Ahwahnee" heißt nun „The Majestic Yosemite Hotel".

gebaut, der heute noch genutzt wird (Die Douglas-Stämme wurden in den 1990er Jahren ersetzt).

Unmittelbar nach der Eröffnung kam es zu weiteren Umbauten. 1928 wurde ein Dachgarten und Tanzhalle in eine private Wohnung umgewandelt. Dann stellte man fest, dass die tragenden Traversen im Speisesaal kaum ausreichten, um die Schneelast auf dem Dach zu tragen. Dies führte dazu, dass die Fachwerke 1931-32 verstärkt werden musste.

Nach der Aufhebung der Prohibition im Jahre 1933 baute man einen Speisesaal in die El Dorado Diggins Bar um, die an die kalifornische Goldrauschzeit erinnern sollte. Die 50er, 60er und 70er Jahre brachten dem Hotel zahlreiche Modernisierungen, einschließlich Feuerleitern, einem Feueralarmsystem, Rauchmeldern und einer Sprinkleranlage sowie einem Außenpool und automatischen Aufzügen. 2003-2004 wurde eine große Dachrevision durchgeführt, bei der praktisch das gesamte Dach ersetzt wurde.

Die Great Lounge ist einer der wichtigsten öffentlichen Bereiche im Hotel. Der große Raum erstreckt sich über die gesamte Breite und fast über die komplette Länge des Gebäudeflügels. Es gibt zwei große Kamine aus geschnittenem Sandstein an jedem Ende des Raumes. Auf den beiden Längsseiten der Lounge befindet sich eine Reihe von raumhohen Fenstern, die im oberen Bereich dekorativ mit Buntglas verziert sind.

Das Hotel hat viele bedeutende Persönlichkeiten beherbergt, darunter Künstler, Könige, Staatsoberhäupter, Film- und Fernsehstars, Schriftsteller, Geschäftsleute und andere Prominente. Beispiele dafür sind die Staatsoberhäupter Königin Elizabeth II, Dwight D. Eisenhower, John F. Kennedy, Ronald Reagan, der Schah von Persien und Barack Obama; die Geschäftsmogule Walt Disney und Steve Jobs; Schauspieler wie Lucille Ball, Charlie Chaplin, Judy Garland, Leonard Nimoy, Will Rogers sowie William Shatner.

Seit dem 15. Februar 1977 ist das Hotel im National Register of Historic Places gelistet und am 28. Mai 1987 wurde es als National Historic Landmark anerkannt. Nach einem Rechtsstreit zwischen der US-Regierung, der das Objekt gehört und dem scheidenden Konzessionär, der Ansprüche auf den geschützten Markennamen geltend machte, heißt das ehemalige „The Ahwahnee" seit dem 1. März 2016 „The Majestic Yosemite Hotel".

●5 Ansel Adams Gallery

Das Gebäude, in dem die Ansel Adams Gallery untergebracht ist, gehörte ursprünglich seinem späteren Schwiegervater, dem Landschaftsmaler und Karikaturisten Harry Best. Schon ab 1904 war das damals noch an anderer Stelle stehende „Best's Studio" das soziale Zentrum im Yosemite Valley. Auch Ansel Adams ging hier ein und aus u.a. um Klavier zu spielen. Dabei lernte er die Tochter des Hausherren, Virgina Best kennen und lieben. Am 2. Januar

1928 heiratete das Paar im neu erbauten „Best's Studio" im "new Village" im Yosemite Tal. Als Harry Best 1936 starb, erbte Virginia das das Haus. Zusammen mit Ansel Adam baute sie das Geschäft aus, verkaufte Bücher, Karten und auch fotografische Artikel. Das ist auch aktuell noch der Fall. Hinzu kamen unzählige Fotografien von Ansel Adams die auch heute noch hier betrachtet und erworben werden können.

Zahlreiche Bilder von Ansel Addams, aber auch Fotografie-Zubehör werden in der Galerie zum Kauf angeboten.

Der Besuch der Gallery ist ein „Muß" für jeden Fotografen oder an der Fotografie Interessierten. Die Ansel Adams Gallery ist täglich (außer an den Weihnachtsfeiertagen) von 9:00 bis 17:00 Uhr geöffnet.

● 6 Glacier Point

Von hier aus sieht man das Yosemite Valley von einer anderen Seite - von oben. Von der steilen Felsklippe aus hat man bei guten Wetter einen überwältigenden Blick aus der Vogelperspektive auf fast das gesamte, rund 975 Meter tiefer liegende Tal. Man sieht die Yosemite Falls, deren Wasser von der gegenüberliegenden Felskante spektakulär 739 Meter tief ins Tal stürzt. Und die Straßen, Gebäude, Plätze und Autos tief unten im Tal - winzig klein, wie bei einer Modelleisenbahn. Aber

auch der Blick auf die umliegenden Gipfel der Sierra Nevada ist sehr beeindruckend. Schautafeln bennen die einzelnen Berggipfel und Wasserfälle.

In den Sommermonaten kann der Aussichtspunkt mit dem eigenen Wagen über die 52 km lange Glacier Point Road angefahren werden. Auch eine kostenpflichtige Busverbindung aus dem Tal wird angeboten. Wer eine gute Kondition hat, erreicht den Aussichtpunkt auf 2.199 Metern Höhe auch über den steilen und fast 8 km langen Four Mile Trail (siehe Seite 57).

● 7 Wasserfälle

Yosemite beherbergt unzählige Wasserfälle, davon einige der höchsten der Welt. Die Yosemite Falls z.B. liegen mit einer Fallhöhe von 739 Metern auf dem

5. Platz der Rankingliste. Ob die Sentinal Falls dazu gehören ist umstritten, da sie über mehrere Kaskaden zu Tal stürzen.

Den größten Eindruck hinterlassen die Wasserfälle im Frühjahr, wenn - bedingt durch die Schneeschmelze - der Wasserfluss am stärksten ist. Aber schon im Juni kann von den imposanten Fluten nur noch ein kleines Rinnsal übrig bleiben und im August kann es vorkommen, dass der ein oder andere Wasserfall trocken ist. Spätestens mit den Niederschlägen im Spätherbst aber führen sie wieder Wasser. Für ambitionierte Fotografen sind die in den Wintermonaten gefrorenen Wasserfälle ein besonders attraktives Motiv.

Die nachfolgende Auflistung der Fälle im Yosemite Nationalpark ist nicht vollständig. Bis auf die letzten zwei sind die aufgeführten Wasserfälle leicht vom Yosemite Valley aus erreichbar.

Sentinel Falls (ca. 590 m Fallhöhe)
Dieser Wasserfall befindet sich auf der Südseite des Yosemite Valley, westlich vom Sentinel Rock. Er besteht aus mehreren, 15 bis 150 Meter hohen Kaskaden. Die Sentinel Falls sind entlang des Southside Drive in der Nähe des Sentinel Beach Picnic Area und in der Nähe des Four Mile Trailhead gut sichtbar.

Yosemite Falls (ca. 739 m Gesamtfallhöhe)
Die Yosemite Falls, als Ganzes zu den höchsten Fällen der Welt gehörend, besteht eigentlich aus drei getrennten Fällen: dem oberen Yosemite-Fall (436 m Fallhöhe), den mittleren Kaskaden (206 m Fallhöhe) und dem unteren Yosemite-Fall (96 m Fallhöhe). Die Yosemite Falls liegen an exponierter Stelle im Valley und man kann sie von den verschiedensten Orten aus sehen, insbesondere in der Nähe des Yosemite Village und der Yosemite Valley Lodge (ehemals Yosemite Lodge). Ein etwa 1 km langer Rundweg führt zur Basis des unteren Yosemite Fall (die östliche Seite der Schleife, von der Haltestelle zum Wasserfall, ist auch für Rollstuhlfahrer zugänglich). Ebenfalls ist es möglich, zur oberen Kante der Fälle zu wandern. Es ist aber sehr anstrengend und nimmt einen ganzen Tag in Anspruch (siehe Seite 57).

Die mächtigen Yosemite Falls.

Ribbon Fall (ca. 491 m Fallhöhe)
Ribbon Fall stürzt von einer Klippe an der Westseite des El Capitan spektakulär in die Tiefe. Mit einer Fallhöhe von 491 Metern gilt er als der höchste Sin-

gle-Drop-Wasserfall in Nordamerika.
Wenn man ins Valley hineinfährt, sieht
man den Wasserfall von der Straße
aus, gleich hinter der Abzweigung zum
Bridalveil Fall.

Bridalveil Fall (188 m Fallhöhe)

Obwohl nicht der höchste, zählt er doch
zu den bekanntesten Wasserfällen des
Nationalparks. Vielleicht, weil es der
erste Wasserfall ist, den die Besucher
im Yosemite Valley sehen. Der Wasserfall ist vom Southside Drive und von der
Wawona Road aus gut zu sehen. Vom
Parkplatz an der Wawona Road ist die
Basis des Bridalveil Fall auf einem kurzen aber steilen Weg gut zu erreichen.
Der Wasserfall erhielt seinen Namen,
weil die Winde im Tal sein abstürzen-
des Wasser wie einen Brautschleier hin
und her wehen.

Illilouette Fall (110 m Fallhöhe)

Der Wasserfall wird aus dem Illiouette
Creek gespeist, einem linken Neben-
fluß des Merced Rivers. Gut zu sehen
ist er vom Panorama Trail aus, der in
der Nähe vorbei führt. Es gibt keinen
Weg zur Basis des Fall, da nach der all-
jährlichen Schneeschmelze die enge
Schlucht vom Wasser geflutet ist.

Nevada Fall (181 m Fallhöhe)

Aus der Entfernung kann man den Ne-
vada Fall und den in Fließrichtung des
Merced River dahinter liegenden Ver-
nal Fall schon vom Glacierpoint aus
sehen (siehe Foto Seite 58). Beide
Wasserfälle können auf einem 4,8
(Vernal Fall) bzw. 11,2 km langen
Rundwanderweg, ausgehend von
Happy Isles, erwandert werden (Siehe
Seite 56)

Vernal Fall (97 m Fallhöhe)

Siehe Nevada Fall.

*Nach der Schneeschmelze führt der Ver-
nal Fall besonders viel Wasser, das mit un-
gebändigter Kraft zu Tal donnert.*

Horsetail Fall (ca. 305 m Fallhöhe)

Seine ganze Schönheit zeigt der Wasserfall in den zwei Wochen von Mitte
bis Ende Februar, wenn die tiefstehe-
nede untergehende Sonne ihn in Feu-
erfarben zum Leuchten bringt. Der
Horsetail Fall ergießt sich von der Ostseite des El Capitan ins Yosemite Tal.
Gut zu sehen ist er vom Picknickplatz
El Capitan (am Northside Drive westlich der Yosemite Valley Lodge, ehemals Yosemite Lodge).

Wapama Falls (427 m Fallhöhe)

Wapama Falls ist der größere von zwei
Wasserfällen an der Nordwand des
Hetch Hetchy Valley im Yosemite Na-
tional Park. Wie bei den Yosemite Falls

fällt das Wasser über drei unterschiedliche Kaskaden. Der Wasserfall ist schon vom Parkplatz am O'Shaughnessy Damm aus zu sehen - man kann ihn aber auch auf einem 8 km langen Trail (hin und zurück) erwandern (Siehe auch Seite 65).

Chilnualna Falls (210 m Fallhöhe))

Der Wasserfall, der im Süden des Nationalparks in der Nähe von Wawona liegt besteht aus fünf Kaskaden mit einer Höhe von jeweils 9 bis 91 Metern Fallhöhe. Der Wasserfall kann nicht mit dem Auto erreicht werden. Wer ihn sehen will, muss einen rund 13 km langen, anstrengenden Fußweg in Kauf nehmen (Siehe Seite 63).

●8 The Pioneer Yosemite History Center

Die natürlichen Gegebenheiten von Yosemite sind weltberühmt. Jedes Jahr besuchen Millionen Menschen die donnernden Wasserfälle, die riesigen Mammutbäume und die einzigartige Bergwelt der Sierra Nevada. Im Gegensatz zu diesen „natürlichen Resourcen" will das Pioneer Yosemite History Center auch an das erinnern, was der Mensch im Yosemite Nationalpark geschaffen hat. Zu diesem Zweck wurden ein Dutzend historische Gebäude an

ihrem ursprünglichen Standort im Yosemite Nationalpark abgebaut und an diesem zentralen Ort in Wawona originalgetreu wieder aufgebaut.

Dazu gehören u.a.:

The Covered Bridge

In den späten 1800er Jahren war Wawona die größte Rastplatz auf dem Weg ins Yosemite Valley. Nach der langen Anreise auf unbefestigten Straßen konnte man vor der letzten, etwa achtstündigen Etappe noch im Wawona Hotel komfortabel übernachten. Der gesamte Verkehr in den Yosemite müsste damals diese noch nicht überdachte Brücke überqueren. Erbaut wurde sie bereits 1857 vom Galen Clark. Er eröffnete in Wawona das erste einfache Hotel, die Clark Station und wurde 1864 als erster Parkaufseher („Guardian of Yosemite") ernannt. 1874 verkaufte Clark sein Land an die Gebrüder Washburn. Diese bauten nicht nur das heute noch existente Wawona Hotel (heute Big Trees Lodge) sondern verpassten der Brücke noch ein Dach, so wie es in ihrer Heimat Vermont üblich war. Bis 1937 diente die Covered Bridge dem Verkehr, dann wurde etwa 200 Meter südwestlich die neue Brücke eingeweiht. Die aufwendige Renovierung der historischen Brücke war der erste Schritt zum heutigen Pioneer Yosemite History Center.

Ranger Patrol Cabin

Im Jahr 1914 zog sich die US-Kavallerie aus Yosemite zurück. Die Verwaltung des riesigen Parks übernahm eine kleine Gruppe von rund 15 Männern, die vorher als Kavalleriescouts gedient hatten. Gebäude wie diese Ranger Pa-

Der gesamte Verkehr lief bis 1937 über die Covered Bridge.

trol Cabin standen damals an den Zufahrtsstraßen. Hier mussten die Besucher ihren Obulus bezahlen und wurden über Parkvorschriften informiert.

Artist's Cabin

Autoren und Schriftsteller, Maler und Fotografen spielten in der Geschichte des Yosemite Nationalparks eine wichtige Rolle. Sie übermittelten die spektakuläre Schönheit der Landschaft auch in weit entfernte Orte und machte die Städter neugierig darauf, Yosemite kennenzulernen. Unterkunft für diese „Werber" war die Artist's Cabin, die der Maler Christian Jogensen konstruierte. Dieses Gebäude stand im Yosemite Valley am Ufer des Merced Rivers unweit der Sentinel Brücke.

Blacksmith Shop

Um 1900 reisten die meisten Menschen zu Pferd oder mit von Pferden gezogenen Wagen in die einzigartige Natur des Yosemite Valley. Die Straßen waren, wenn vorhanden, noch sehr unvollkommen und die Reise war eine Belastung sowohl für Ross und Reiter als auch für die Kutschen. Blacksmith Shops - wie den im History Center gezeigten - fand man damals im ganzen Park und die Schmiede hatten mit dem Beschlagen der Pferde und dem Reparieren der Kutschen reichlich zu tun.

Degnan's Bäckerei

John Degnan ließ sich 1884 im Yosemite Valley nieder und arbeitete hier für staatliche Einrichtungen. Seine Frau Bridget unterstützte das Familieneinkommen durch den Verkauf von Brot, das sie täglich in ihrem Dutch Oven backte. Als der Touristenverkehr anstieg, wuchs auch die Nachfrage nach ihrem Brot. Degnan baute einen größeren Ofen mit dem er 50 Brote pro Tag backen konnte. Die Bäckerei stand

Das ehemalige Wells Fargo Office.

ursprüglich in der Nähe der Kapelle im Yosemite Valley.

Wells Fargo Office

Das 1910 im Valley erbaute Office war ein Service-Point für die ersten Besucher des Yosemite. Hier konnten Eisenbahnfahrten und Hotels gebucht werden, Telegrafie- und Expressdienste wurden angeboten. In den 1960er Jahren wurde das Gebäude abgebaut und im Pioneer Yosemite History Center wieder aufgebaut.

●9 El Capitan

Der markante Granitmonolith, der sich auf der Nordseite des Yosemite Tals erhebt, ist 2.308 Meter hoch. Seinen Namen eriel der Berg vom Mariposa Bataillon, das 1851 das Tal erkundete. Der höchste Punkt des El Capitan kann über einen Wanderweg von Norden aus erreicht werden. Berühmt und be-

rüchtigt ist jedoch das waghalsige Besteigen der schwierigen Kletterrouten auf der Südseite. Eine der bekanntesten Routen ist „The Nose" (siehe auch Seite 67). Während die Besteigung durch die Südwand Anfangs mehrere Tage dauerte, entwickelte sich im Laufe der Jahre eine regelrechter Wettkampf - regelmäßig wurde die Aufstiegszeit unterboten. So stellten die Deutschen Alexander und Thomas Huber (Die Huberbrüder) am 17. Juni 2004 auf der Zodiac Route mit 1:51:34 Stunden einen neuen Rekord auf. Der aktuelle Rekord für den Aufstieg über „The Nose" liegt bei 1:58:07 Stunden und wurde am 6. Juni 2018 aufgestellt.

Ab 1966 nutzten auch Basejumper den El Capitan für ihre Sprünge. Da es immer wieder zu Unfällen, auch mit Todesfolge kam, reglementierte der National Park Service 1980 die Sprünge und verbot sie später ganz. Vom Yose-

Der mächtige El Capitain überragt das Yosemite Valley.

mite Valley aus kann man mit einem guten Fernglas fast täglich die Bergsteiger auf den verschiedenen Routen zum Gipfel beobachten.

●10 Hetch Hetchy Valley

Während das Yosemite Valley oftmals überlaufen ist, findet der Wanderer im Hetch Hetchy Valley am Oberlaufs des Tuolumne River im nordwestlichen Teil des Nationalparks Ruhe und Beschaulichkeit. Wie das Yosemite Tal wurde auch das benachbarte, rund 60 Straßen-Kilometer entfernte Hetch Hetchy Valley von den Gletschern der Eiszeiten geformt und über Jahrhunderte von den Ureinwohnern (Native Americans) bewohnt.

Anfang des 20. Jahrhunderts machte man sich in der immer stärker expandierenden Stadt San Francisco Gedanken über die zukünftige Wasserver-

sogung. Die Stadtoberen fragten beim Innenministerium der Vereinigten Staaten nach und 1908 übertrug der damalige Innenminister James R. Garfield die Rechte der Nutzung des Tuolumne Rivers der Stadt San Francisco. Die Planung eines Staudamms im Hetch Hetchy Valley löste einen siebenjährigen Streit mit den Umweltschützern des Sierra Club aus. Da das Hetch Hetchy Tal innerhalb des Yosemite National Park liegt, musste der Kongress den Bauarbeiten zustimmen. Unter der Vorgabe, dass das Wasser ausschließlich der Öffentlichkeit nutzen sollte, unterzeichnete Präsident Woodrow Wilson 1913 ein entsprechendes Gesetz. Ein Jahr später begannen die Vorbereitungen der Bauarbeiten.

Ein irischstämmiger Ingenieur, Michael O'Shaughnessy, übernahm die Planung und die Bauleitung der später nach ihm benannten Staumauer. 1923 konnte der Stausee im Hatch Hetchy Valley erstmals geflutet werden. Die Staumauer war damals 69 Meter hoch und wurde 1938 auf ihre jetzige Höhe von 95 Metern aufgestockt. Die Pipeline, die das Wasser nach San Francisco transportiert, ist rund 270 km lang und kann in jeder Sekunde mehr 10 m³ Wasser transportieren. Rund 80 % der Bevölkerung San Franciscos werden heute mit dem sauberen Wasser aus dem Hetch Hetchy Valley versorgt.

Von Beginn an war der Bau des Staudamms umstritten gewesen. Die kalifornischen Naturschützer sehen heute im Hetch Hetchy Projekt eine der großen Umweltschädigungen des 20. Jahrhunderts. Aus diesem Grund, aber auch weil die Stadt San Francisco gegen das ursprüngliche Gesetz - das den Bau des Damms erst ermöglichte - verstoßen haben soll und das Projekt 1925 an die Pacific Gas & Electric (PG&E) verkauft hatte, verlangen Umweltaktivisten den Abbau des Damms und die Wiederherstellung des ursprüglichen Zustands des Tals.

Aber auch im vorhandenen Zustand ist das Valley mit seinen donnernden Wasserfällen, unzähligen Wildblumen, atemberaubenden Gipfeln und versteckten Schluchten immer einen Abstecher wert.

Das heute geflutete Hetch Hetchy Valley vor dem Bau des Staudamms.

Ansel Adams
Mehr als ein Naturfotograf

Fast jeder hat schon einmal - bewusst oder unbewusst - eines der monochromen Meisterwerke von Ansel Adams bewundert. Er ist **der** Naturfotograf der Vereinigten Staaten.

Geboren am 20. Februar 1902 bereiste Adams bereits 1916 - zusammen mit seinen Eltern - erstmals den Yosemite Nationalpark und machte schon damals erste Aufnahmen mit einer einfachen Boxkamera. Von der imposanten Natur war er mehr als beeindruckt.

Sein Durchbruch kam am 17. April 1927, dem Tag, der wie er später ausführte „mein Verständnis für das Medium Fotografie verändern sollte." An diesem Tag „schoss" er - wieder im Yosemite - eines seiner berühmtesten Bilder, die legendäre Aufnahme „Monolith, The Face of Half Dome".

Zusammen mit seinem Freund Fred Archer entwickelte Adams ein Zonensystem, um die richtige Belichtung der Aufnahmen zu bestimmen und den Kontrast zu optimieren. Das Ergebnis der aufwendigen Arbeit prägte seine Fotografien. Dabei benutzte er durchgehend Großformatkameras, weil die Negativgröße seinen künstlerischen Vorstellungen sehr entgegen kam.

Ab 1929 beauftragte ihn die „Yosemite Park und Curry Company" offiziell mit der Öffentlichkeitsarbeit. Darüber hinaus fotografierte er in fast allen Naturparks des amerikanischen Westens und erschuf damit ein riesiges Archiv an Naturaufnahmen - vornehmlich in schwarz/weiß.

Ansel Adams verstarb am 22. April 1984 in Carmel by the Sea. Viele seiner eindrucksvollen Werke können in der Ansel Adams Gallery (unmittelbar neben dem Valley Visitor Center) bewundert und gekauft werden.

The Ansel Adams Gallery
Neben dem Valley Visitor Center
PO Box 455
Yosemite, CA 95389
Tel. 209-372-4413
www.anseladams.com
Täglich von 09:00 bis 18:00 Uhr

Wandern im Yosemite NP
So weit
die Füße tragen

Vorsichtsmaßnahmen

Extremes Wetter und rauhes Gelände bedeuten eine Gefahr für jeden Wanderer. Schon das Wandern in einer Gruppe vermindert ein mögliches Risiko enorm. Auch eine gute Vorbereitung hilft, dass ein Wanderausflug erfolgreich beendet werden kann und in guter Erinnerung bleibt. Funktionelles Schuhwerk und entsprechende Bekleidung (Zwiebelprinzip) sind dabei eine wichtige Grundvoraussetzung. Dazu eine Kopfbedeckung als Sonnenschutz und ein bequemer Rucksack für ausreichende Getränke, kleine Snacks und Obst.

Auch das Einholen von Informationen zum Wetter, über den Zustand der Trails und auch über möglich Gefahren, gehört zu einer verantwortungsvollen Vorbereitung. Diesbezüglich sind die Parkranger im Visitor Center die idealen Ansprechpartner.

Immer wieder müssen Wanderer aus Notlagen befreit werden, in die sie aus Erschöpfung und Wasserentzug geraten sind. Die Parkranger empfehlen daher, pro Wanderstunde zwischen einem halben und einem Liter Flüssigkeit zu trinken. Des weiteren sollte man sich nicht übernehmen, langsam gehen, sein persönliches Tempo finden und auch häufige Pausen einlegen, nicht nur, um dem Körper Erholung zu gönnen, sondern auch, um die Natur

entsprechend zu genießen. Das Motto sollte lauten: Verantwortungsbewusst wandern - mit Rücksicht auf die Umgebung und auf sich selbst.

Gesundheitsrisiken
Erschöpfung

Wanderer können durch extremes Schwitzen pro Stunde bis zu 2 Liter Wasser verlieren.
Symptome: Blässe, Übelkeit, kühle und feuchte Haut, Kopfschmerzen und Krämpfe.
Behandlung: Wasser trinken, Schatten aufsuchen und Körper kühlen, Nahrungsmittel mit hohem Kohlenhydratgehalt essen.

Hitzschlag

Lebensbedrohlicher Notfall, bei dem die Wärmeregulierungsfunktionen des Körpers überlastet werden.
Symptome: Gesichtsröte, trockene Haut, flacher und schneller Puls, hohe Körpertemperatur und im Endstadium Bewusstlosigkeit.
Behandlung: Schatten aufsuchen, Körper kühlen, Hilfe holen (lassen)!

Hyponatriämie

Folge einer niedrigen Natriumkonzentration im Blut, die durch Trinken von zu viel Wasser und Salzverlust durch Schwitzen verursacht wird.
Symptome: Übelkeit, Erbrechen, häufiger Harndrang.
Behandlung: Pause einlegen und salzhaltige Snacks essen. Wenn die geistigen Fähigkeiten abnehmen, sofort Hilfe holen lassen.

Unterkühlung

Lebensbedrohlicher Notfall, bei dem

der Körper sich aufgrund von Erschöpfung und kalter Witterung nicht warm halten kann.

Symptome: Zittern, geringe Muskelkontrolle, Herzrasen.

Behandlung: Trockene Kleidung, warme Flüssigkeiten trinken, Körper wärmen und vor Wind, Regen und Kälte schützen.

Yosemite Valley - Leichte Wanderungen

Cook's Meadow Loop

Round-trip: 1 Meile / 1,6 km

Dauer: 45 Minuten

Traihead: Visitor Center - Bushaltestelle #5

Atemberaubende Aussichten auf den Half Dome, den Glacier Point und die Royal Arches ermöglicht dieser kleine Spaziergang durch die Wiesen des Yosemite Tals. Von der Bushaltestelle #5 hält man sich östlich in Richtung Yosemite Falls. An der Haltestelle #6 überquert der Loop die vielbefahrene Straße und folgt dem Radweg. An der ersten Weggabelung geht es links weiter. Nach einer kurzen Strecke quer durch die naturbelassenen Wiesen des Talbodens kann man im Bereich der Sentinel Bridge den grandiosen Ausblick auf den Half Dome geniessen, der schon Ansel Adams zu seinen herausragenden Fotografien animiert hat. Bei schönem Wetter kann man von der Brücke den Paddlern und „Tubern" auf dem Merced River zuschauen. Über einen Bohlensteg geht es durch die Wiesen - nun in nördlicher Richtung - zurück. Noch einmal überquert man die Parkstraße und folgt dann dem Weg zurück zum Visitor Center bzw. zur Haltestelle #5.

Blick von der Sentinel Bridge auf den Merced River mit dem Half Dome im Hintergrund.

Lower Yosemite Fall

Round-trip: ca. 1 Meile / 1,7 km
Dauer: 45 Minuten
Trailhead: Bushaltestelle #6
Der kurze Spaziergang auf durchgehend asphaltierten Wegen bietet schöne Ausblicke auf die Upper und Lower Yosemite Falls. Speziell nach der Schneeschmelze im Frühling führen die Wasserfälle extrem viel Wasser und der Wind kann die Gischt bis auf die Wanderwege treiben. Im Spätsommer/Herbst dagegen kann ausbleibendes Wasser den Wasserfall ganz verschwinden lassen.

Bridalveil Fall

Round-trip: 0,5 Meilen / 0,8 km
Dauer: 20 Minuten
Trailhead: Bridalveil Fall Parkplatz
In westlichen Teil des Yosemite Valleys stürtzt der Bridalveil Fall in die Tiefe. Der Wasserfall bekam seinen Namen, weil der Wind das abstürzende Wasser bzw. die Gischt wie einen Brautschleier hin und her weht. Vom Parkplatz aus führt ein kurzer aber teilweise steiler asphaltierter Weg bis zum Fuß des Wasserfalls. Achtung, im Frühjahr starke Gischt.

Sentinel Dome Trail

Round-trip: 2,2 Meilen / 3,4 km
Dauer: ca. 2 Stunden
Trailhead: Parkplatz „Taft Point Trailhead" (an der Glacier Road)
Schöner Wanderweg auf die Spitze des 2476 Meter hohen Sentinel Dome. Die letzten rund 80 Höhenmeter sind recht steil und es geht über glatte Granitplatten - gutes Schuhwerk ist Voraussetzung und ein Wanderstock hilfreich. Auf dem Gipfelplateau wird man mit einem herrlicher 360 Grad Rundumblick zum El Capitan im Westen und im Osten zum Half Dome belohnt. Der Sentinel Dome kann auch vom Glacier Point aus erwandert werden. Dieser Weg ist dann etwas länger.

Mirror Lake

Round-trip zum See: 2 Meilen / 3,2 km,
Dauer: 1 Stunde
Round-trip um d. See: 5 Meilen / 8 km,
Dauer: 2 Stunden
Trailhead: An der Bushaltestelle #17
Der Mirror Lake ist das Überbleibsel eines Gletschersees, der am Ende der letzten Eiszeit einen Großteil des heutigen Yosemite Valleys füllte. Durch Sedimentablagerungen wird das Gewässer immer kleiner und trocknet nach heißen Sommern auch mal aus. Dann bildet sich hier eine große Wiese mit vielen Wildblumen. Nach der Schneeschmelze im Frühjahr spiegeln sich bei entsprechendem Wasserstand die umliegenden Felswände auf der Wasseroberfläche des Sees - daher der Name Mirror Lake. Der asphaltierte Wanderweg führt von der Bushaltestelle bis an den See. Zusätzlich kann man den See auch umrunden.

Happy Isles

Round-trip: 1/2 Meile / 800 Meter
Dauer: 20 Minuten
Trailhead: Bushaltestelle #16
Kurzer Wanderweg zum Happy Isles Nature Center mit informativen Dioramen, interaktiven Ausstellungselementen und einem Buchladen.

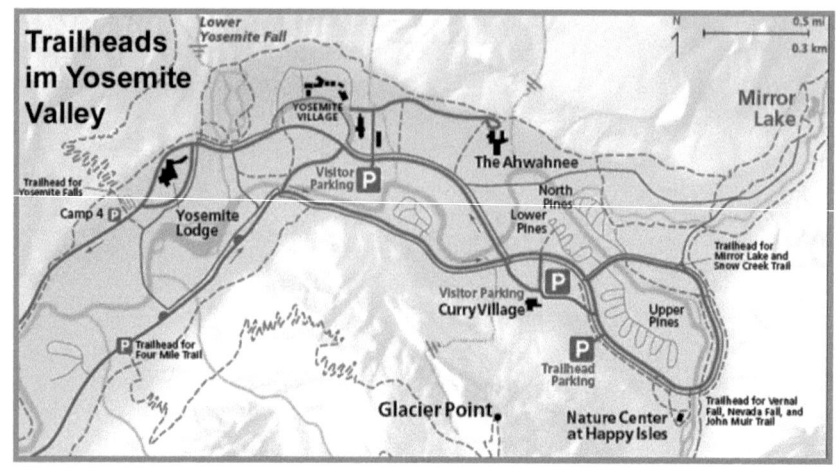

Yosemite Valley
- Mittelschwere Trails

Valley Floor Loop
Round-trip: 13 Meilen / 20,9 km
Dauer: 5 - 7 Stunden
Round-trip (halbe Strecke) 10,5 km:
Trailhead: Bushaltestelle #6

Der Loop bietet sich an um das Yosemite Tal mit seinen Wiesen und Wäldern entlang des Merced Rivers zu erforschen. Im Verlauf der Wanderung überraschen immer wieder beeindruckende Ausblicke auf den Sentinel Rock, Cathedral Rock, den Bridalveil Fall, den mächtigen El Capitan, die Three Brothers und die Yosemite Falls. Wer die kürzere, halbe Strecke wählt, durchquert das Tal in der Nähe der El Capitan Crossover Road.

Panorama Trail
Strecke: 8,5 Meilen / 13,7 km,
975 Höhenmeter!
Dauer: ca. 6 Stunden
Trailhead: Panorama Trailhead am Glacier Point

Beeindruckende Wanderung, bei der Panoramablicke ins Yosemite Valley haften bleiben. Vom Glacier Point (im Sommer kostenpflichtiger Bustransfer möglich. Reservierungen an den Tour Desks im Park erforderlich) führt der Weg zu den Illioutte Falls (ca. drei Kilometer). Weiter geht es, teilweise bergauf, entlang der Panorama Cliffs, bis man in der Nähe der Nevada Falls auf den John Muir Trail trifft. Vor dort geht es bergab zum Happy Isles Nature Center und der Bushaltestelle #16.

Vernal und Nevada Falls
Round-trip bis Vernal Fall Fußgänger-brücke: 1,6 Meilen / 2,6 km,
120 Höhenmeter
Dauer: 1,5 Stunden
Round-trip bis Vernal Fall Oberkante:
3 Meilen / 4,8 km,
300 Höhenmeter
Dauer: 3 Stunden
Round-trip bis Nevada Fall Oberkante:
7 Meilen / 11,2 km,
600 Höhenmeter
Dauer: 5 - 6 Stunden
Trailhead: Bushaltestelle #16, Happy Isles

Schon von der Fußgängerbrücke bietet sich ein schöner Ausblick auf den Vernal Fall. Wer aber die besonders im

Frühjahr eindrucksvolle Kraft des Wassers hautnah erleben will, muss weitere Steigungen (und Anstrengungen) in Kauf nehmen. Etwa 300 Meter hinter der Brücke gabelt sich der Weg in den Mist und den John Muir Trail. Wer zu den Wasserfällen will, hält sich links und erreicht auf dem Mist Trail nach weiteren 800 Metern eine Steile Granittreppe mit über 600 Stufen. Hier ist Vorsicht geben, denn die enorme Gischt (besonders im Frühjahr) macht den Aufstieg zu einer feuchten und damit rutschigen Angelegenheit. Die Oberkante des Vernal Fall bietet sich für eine Pause an. Zwar versteht man dort, wo das Wasser tosend in die Tief stürzt sein eigenes Wort nicht mehr, aber man sieht und spürt eindrucksvoll die enorme Kraft des Wassers. Danach führt der Weg über eine Brücke und windet sich über Serpentinen weitere 3,2 km bergauf zur Oberkante des nicht weniger beeindruckenden Nevada Fall. Für den Rückweg bietet sich der John Muir Trail an, der ebenfalls schöne Ausblicke bietet und zurück zu der weiter oben genannten Weggebelung führt.

Yosemite Valley - Anspruchsvolle Trails

Four Mile Trail

Round-trip: 9,6 Meilen / 15,5 km, 975 Höhenmeter
Dauer: 6 - 8 Stunden
Trailhead: Am Southside Drive, alternativ Bushaltestelle #7 (+ 800 Meter)
Der Four Mail Trail ist die direkte Verbindung zwischen dem Talboden des Yosemite Valleys und dem Glacierpoint. Die anstrengende Wanderung beginnt am Fuße des Sentinel Rocks

und schraubt sich in unzähligen Serpentinen den steilen Berg empor. Im Sommer bietet es sich an, wahlweise den Aufstieg oder den Abstieg durch die kostenpflichtige Busfahrt vom Talboden zum Glacier Point (bzw. umgekehrt) zu ersetzen. Im Winter ist der Four Mile Trail wegen den Gefahren durch Eis und Schnee gesperrt.

Upper Yosemite Fall

Round-trip: 7,2 Meilen / 11,6 km, 820 Höhenmeter
Dauer: 6 - 8 Stunden
Trailhead: Camp 4 Bushaltestelle #7
Der bereits zwischen 1873 und 1877 angelegte Trail gilt als einer der ältesten historischen Wanderwege im Yosemite. Bis heute hat die Route an die 739 Meter über dem Talboden liegenden Oberkante des Yosemite Fall nichts an Attraktivität verloren. Der Weg gilt als sicher, auch wenn es neben der Strecke teilweise steil bergab geht. Bereits nach 1,5 km Wanderweg gewährt der Columbia Rock erste grandiose Ausblicke ins Tal.

Half Dome

Round-trip: 17 Meilen / 27,4 km, ca. 1.450 Höhenmeter
Dauer: 10 - 12 Stunden
Trailhead: Bushaltestelle #16, Happy Isles
Der Half Dome zählt mit einer Höhe von 2.693 Metern nicht zu den höchsten Gipfeln der Sierra Nevada, trotzdem ist er mit seiner außergewöhnlichen Form Jahr für Jahr das Ziel tausender Bergwanderer. Ein Grund dafür ist sicherlich die Tatsache, dass der NPS jedes Frühjahr auf dem letzten steilen Metern vor dem Gipfelplateau

Stahlseile anbringt, an denen sich die Bergwanderer hochhangeln können. Die verschiedenen Routen über die nahezu senkrechte Nordwestwand, sind erfahrenen Bergsteigern mit entprechendem Equipment vorbehalten.

Trotzdem - Auch die Begehung des Half Dome über den „Touristenweg" ist auf den letzten 120 Höhenmetern nichts für Anfänger. Man sollte sie nur bei absoluter Trittsicherheit und Schwindelfreiheit sowie mit dem entsprechenden Equipment angehen. Bei Regen (Ausrutschen auf dem blanken Granit) oder Gewitter (Blitzschlag) besteht absolute Lebensgefahr. Nicht nur aus diesem Grund ist für die Besteigung ein Permit erforderlich, welches von den Rangern nur in begrenzter Stückzahl ausgegeben wird.

Der Weg führt anfangs wahlweise über den Mist Trail oder den etwas längeren, dafür nicht so steilen John Muir Trail bis zum Nevada Wasserfall. Die ersten Kilometer sind sehr gut ausgebaut (asphaltiert), so dass man sich schon in der Morgendämmerung (notfalls mit Stirnlampe) auf den Weg machen kann. Ein Toilettenhaus ist an der Fußgängerbrücke unterhalb des Vernal Fall. Weitere Toiletten - allerdings keine mit fließend Wassser - stehen in der Nähe von Emerald Pool (oberhalb von Vernal Fall), an der Oberkante der Nevada Falls (dort wo John Muir Trail und Mist Trail wieder aufeinander stoßen).

Links der markante Half Dome, in der Mitte vorn der Vernal Fall und rechts die Nevada F

Von den Nevada Falls führt der John Muir Trail weiter ins Little Yosemite Valley, wo sich eine Ranger Station befindet. Danach geht es durch den Wald stetig bergauf bis zu dem ausgeschilderten Punkt, an dem man den John Muir Trail nach links in Richtung Half Dome verlassen muss. Weiter geht es steil aufwärts, nun in Serpentinen und ohne Schatten. Auf dem letzten Stück vor den „Cables" sind Treppenstufen in den Granit gemeißelt - trotzdem ist es anstrengend. Dann ist das vorläufige Ziel erreicht. Eine letzte Verschnaufpause, Handschuhe anziehen und schon hangelt man sich die letzten anstrengenden Meter hoch zum Gipfelplateau. Die grandiose Aussicht hoch über dem Tal ist unbezahlbar.

Permits für den Half Dome

Nachdem an verschiedenen Tagen bis zu 3.000 mehr oder weniger gut ausgerüstete Menschen den Half Dome erklommen und immer wieder Menschen am Half Dome aus Bergnot gerettet werden mussten, hat die Parkverwaltung die Notbremse gezogen und gibt für die Besteigung des beliebten Gipfels über die „cable route" täglich nur noch 300 Permits aus. 225 der begehrten Genehmigungen werden in einer Preseason Lottery vergeben. Hierfür kann man sich vom 1. bis 31. März des jeweiligen Jahres über www.recreation.gov bewerben. Mitte April bekommt man dann Bescheid per E-Mail. Aber auch wer bei der ersten Lotterie leer ausge-

gangen ist, hat noch eine zweite Chance: Nochmals rund 50 Genehmigungen sowie diejenigen, die nicht eingelöst wurden, werden zwei Tage vor dem geplanten Wanderdatum verlost (ebenfalls unter www.recreation.gov oder Tel. 877-444-6777). Dabei fallen bei den Verlosungen zwei seperate Gebühren an. 10 $ werden bei der Antragstellung fällig (pro Antrag, nicht pro Person). Weitere 10 $ sind pro Person zu bezahlen, wenn das Permit erteilt wird. Weitere Fragen werden vom NPS von März bis Anfang Oktober telefonisch unter 209-372-0826 (Montag-Freitag, 9:00 bis 12:00 Uhr und 13:00 bis 16:30 Uhr) beantwortet.

Tuolumne Meadows
- Leichte Wanderungen

Ein kostenpflichtiger Shuttleservice ist in den Tuolumne Meadows von etwa Mitte Juni bis Mitte September verfügbar (Siehe auch Seite 27).

Soda Springs und Parsons Lodge

Round-trip: 1,5 Meilen / 2,4 km
Dauer: ca. eine Stunde
Lembert Dome Parkplatz (Bus Stop # 4)
Über eine Schotterstraße führt der Weg, vorbei an einem geschlossenen Tor (mit dem Schild „Glen Aulin und Soda Springs") zu einem Blockhaus in dem das kohlensäurehaltige Wasser aus dem Boden sprudelt (Soda Springs). Die historische Parsons Memorial Lodge zeigt viele Exponate vergangener Zeiten und kann zu bestimmten Zeiten besichtigt werden (Ranger fragen). Danach schlängelt sich der Weg zu einer Brücke und weiter zum Tuolumne Meadows Visitor Center.

Lyell Canyon über den John Muir Trail

Roundtrip: 8 Meilen / 12,9 km
Höhenunterschied: ca. 60 Meter
Dauer: ca. vier Stunden
Trailhead: Gegenüber dem Dog Lake Parkplatz (Haltestelle # 2)
Dieser Weg führt durch den subalpinen Lyell-Canyon entlang der Lyell-Gabel des Tuolumne Rivers. Zu Beginn der Saison kann der Pfad teilweise matschig sein. Man kreuzt mehrer Bachläufe, einschließlich Rafferty Creek (über ein Brücke). An der Ostwand des Canyons sieht man den Kuna Creek, der hier über Kaskaden spektakulär in die Tiefe stürzt.

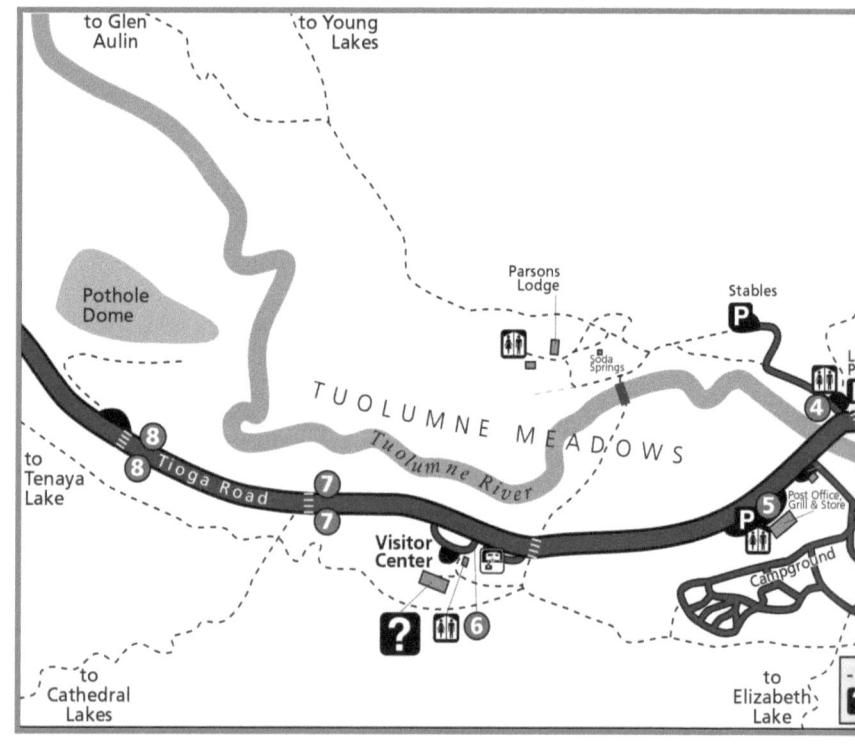

Tuolumne Meadows - Mittelschwere Trails

Elizabeth Lake

Roundtrip: 4,8 Meilen / 7,7 km
Höhenunterschied: ca. 300 Meter
Dauer: ca. 4 bis 5 Stunden
Trailhead: Tuolumne Meadows

Der Weg beginnt am B-Loop des Campingplatzes und steigt stetig zum Elisabeth Lake, einem Gletschersee am Fuße des Unicorn Peak, empor. Die Rückwanderung erfolgt über die gleiche Route.

Gaylor Lakes

Rundweg: 2 Meilen / 3,2 km
Höhenunterschied: ca. 150 Meter
Dauer: ca. 2 Stunden.
Trailhead: Tioga Pass Entrance Station (Shuttle-Service ist zweimal pro Tag verfügbar. Siehe Seite 27)

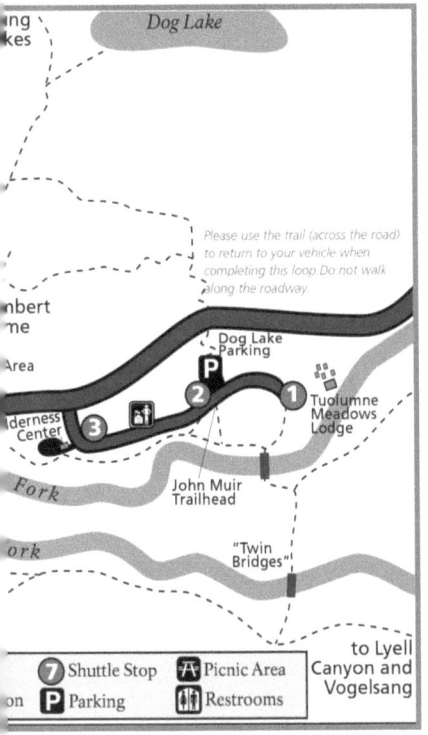

Diese Wanderung bietet einige der spektakulärsten High-Country-Aussichten abseits der Tioga Road. Vom Ausgangspunkt aus geht es stetig bergauf bis zu einem Gebirgskamm, von dem man über die High Sierra inklusive Mount Dana und den Dane Meadows mit den vielen Teichen sehen kann. Nach dem Gebirkskamm geht es etwa 200 Fuß bergab bis zum Middle Gaylor Lake. Der Rückweg verläuft über die selbe Route.

Cathedral Lakes

7 Meilen / 11,3 km hin und zurück
Höhenunterschied: ca. 300 Meter
Dauer 4 bis 6 Stunden
Trailhead: Start am Cathedral Lakes Trailhead, etwa 800 m westlich des Tuolumne Meadows Visitor Centre, Shuttle Stop # 7

Der Weg steigt stetig aufwärts zum Upper Cathedral Lake. Kurz vor dem Ende der Steigung führt ein Seitenweg zum Lower Cathedral Lake (ca. 800 m bis zum See). Die Rückwanderung folgt der gleichen Route. Da der Parkraum am Trailhead begrenzt ist, sollte man den Shuttlebus nutzen.

Mono-Pass

Rundweg 8 Meilen / 12,9 km
Höhenunterschied: ca. 300 Meter
Dauer: 4 bis 6 Stunden.
Trailhead: An der Tioga Road am Mono Pass Trailhead, etwa sechs Meilen östlich von Tuolumne Meadows (Shuttle-Service ist zweimal pro Tag verfügbar). Dieser historische Trans-Sierra-Trail verläuft mit geringer Steigung anfangs durch weitläufige Wiesen und vorbei an rauschenden Bächen. Erst nach der Abzweigung zum Spillway Lake wird

der Weg dann stetig steiler bis hinauf zum Mono Pass in 3.230 Metern Höhe. Die spektakuläre Aussicht auf den Mono Lake und den Bloody Canyon lässt den Aufstieg schnell vergessen. Vom Pass aus wandert man noch etwas weiter in Richtung des Upper Sardine Lake.

Glen Aulin

11 Meilen / 17,7 km hin und zurück
Höhenunterschied: ca. 245 Meter
Dauer: 6-8 Stunden
Der Weg führt dem Tuolumne River entlang bis in das Glen Aulin Valley. Tuolumne Fall und White Cascade sind etwa vier Meilen (ca. 6,5 km) vom Ausgangspunkt entfernt. Hinter Glen Aulin warten noch der California Fall (13 Meilen hin und zurück), der LeConte Fall (15 Meilen hin und zurück) und die Waterwheel Falls (18 Meilen hin und zurück). Die Rückwanderung folgt der gleichen Route.

Dog Lake und Lembert Dome

Dog Lake: 4,5 km hin und zurück
Höhenunterschied: ca. 180 Meter
Dauer: 3 Stunden.
Lembert Dome: 4,5 km hin und zurück
Höhenunterschied: ca. 260 Meter
Dauer: 3 Stunden.
Dog Lake und Lembert Dome
6,4 km hin und zurück
Dauer 4 Stunden
Trailhead: Dog Lake (Haltestelle # 2 westlich der Tuolumne Meadows Lodge).
Die ersten 1,2 km führt der Trail steil nach oben bis zu einer Wegkreuzung. Hier biegt man links ab zum Gipfel des Lembert Dome. Von hier oben kann man in aller Ruhe eine grandiose Aussicht auf die Tuolumne Meadows und die umliegenden Gipfel genießen. Um zum Dog Lakezu kommen, geht man an der o.g. Wegkreuzung geradeaus weiter. Bei aufkommenden Gewittern sollte man die Kuppel des Lembert Dome meiden - Lebensgefahr durch Blitzeinschlag.

Tuolumne Meadows
- Anstrengende Trails
Vogelsang High Sierra Camp

Hin und zurück: 13,8 Meilen / 22,2 km
Höhenunterschied: ca. 420 Meter
Dauer: 8 Stunden.
Trailhead: Gegenüber dem Dog Lake Parkplatz (Tuolumne Meadows Shuttle Stop # 2)
Die ersten zwei Meilen auf dem John Muir Trail sind relativ flach, da der Weg dem Lyell Fork folgt. Am Zufluss des Rafferty Creek steigt der Weg 360 Meter hoch zum Tuolumne Pass. Von dort aus geht es weitere 50 m in die Höhe, ausgeschildert zum Vogelsang High Sierra Camp. Von hier aus bieten sich Abstecher zum Vogelsang Lake (800 Meter, 85 m Höhenunterschied) oder zum Vogelsang Pass (2,4 km, 180 m Höhenunterschied) an.

Wawona
- Leichte Wanderungen
Wawona Meadow Loop

Rundweg: 3,5 Meilen / 5,6 km
Dauer: ca. 2 Stunden
Trailhead: Big Trees Lodge (ehemals Wawona Hotel)
Auf der asphaltierten Straße wird der Wawona Golfplatz gequert. Unmittelbar nach dem Golfplatz biegt man nach

links ab auf die unbefestigte Fire Road die sich um die Wiese schlängelt. Im Frühjahr/Sommer bilden Wildblumen ein regelrechtes Farbenmeer.

Swinging Bridge Loop
4,8 Meilen / 7,6 km Loop
Dauer: 2 Stunden
Trailhead: Parkplatz des Big Trees Lodge Store (früher Wawona Store)
Man folgt der asphaltierten Straße (Forest Drive) etwa 3,2 km flussaufwärts bis zum Seventh Day Adventist Camp. Im Camp biegt man nach links auf die unbefestigte Straße zur Swinging Bridge ab. Nach etwa 800 Metern überquert man die Brücke und hält sich nun links auf einem Pfad, der später in die asphaltierten Chilnualna Falls Road übergeht. Diese führt zurück zum Pioneer Yosemite History Center und über die Covered Bridge zum Ausgangspunkt am Big Trees Lodge Store.

Wawona
- Anspruchsvolle Trails
Alder Creek
12 Meilen / 18,7 km
Dauer: 6 bis 8 Stunden
Trailhead: Nach erwa 700 Metern auf der Chilnualna Falls Road
Der Trail beginnt gegenüber vom Parkplatz beim Schild "Backcountry Use" und führt bergauf nach Norden durch einen Kiefernwald mit üppigem Manzanita Bewuchs.

Chilnualna Falls
8,2 Meilen / 13,1 km hin und zurück
Höhenunterschied: ca. 730 m
Dauer: 5 Stunden
Trailhead: Parkplatz Chilnualna Falls,

nach zwei Meilen auf der Chilnualna Falls Road
Der Weg führt von der Unterseite des Parkplatzes entlang der Kaskaden des Chilnualna Creek. Über zahlreiche Serpentinen geht es dann vom Creek in einen offenen Wald. Von hier aus guter Ausblick auf das Wawona-Gebiet.

Mariposa Grove
- Leichte Wanderungen
Big Trees Loop Trail
Rundweg: 0,3 Meilen / 0,5 km
Dauer: 30 bis 45 Minuten (auch für Rollstuhlfahrer zugänglich)
Trailhead: Parkplatz Mariposa Grove
Dieser Pfad, der sich durch einen Wald mit vielen riesigen Mammutbäumen schlängelt, führt am „Fallen Monarch" vorbei. Schautafeln erklären die Ökologie der Baumriesen. Diese Schleife ist relativ flach und daher auch für Rollstuhlfahrer zugänglich.

Grizzly Giant Loop Trail
Rundweg 2 Meilen / 3,2 km
Dauer: 1,5 bis 2 Stunden
Trailhead: Parkplatz Mariposa Grove
Der Trail führt zu bemerkenswerten Bäumen wie „The Bachelor", den „Three Graces", dem „Grizzly Giant" und dem „California Tunnel Tree".

Mariposa Grove
- Anspruchsvolle Trails
Guardians Loop Trail
6,5 Meilen / 10,5 km
Höhenunterschied: 1.000 Fuß / 305 m
Dauer: 4 bis 6 Stunden
Trailhead: Parkplatz Mariposa Grove
Der Trail durch die Upper Grove führt

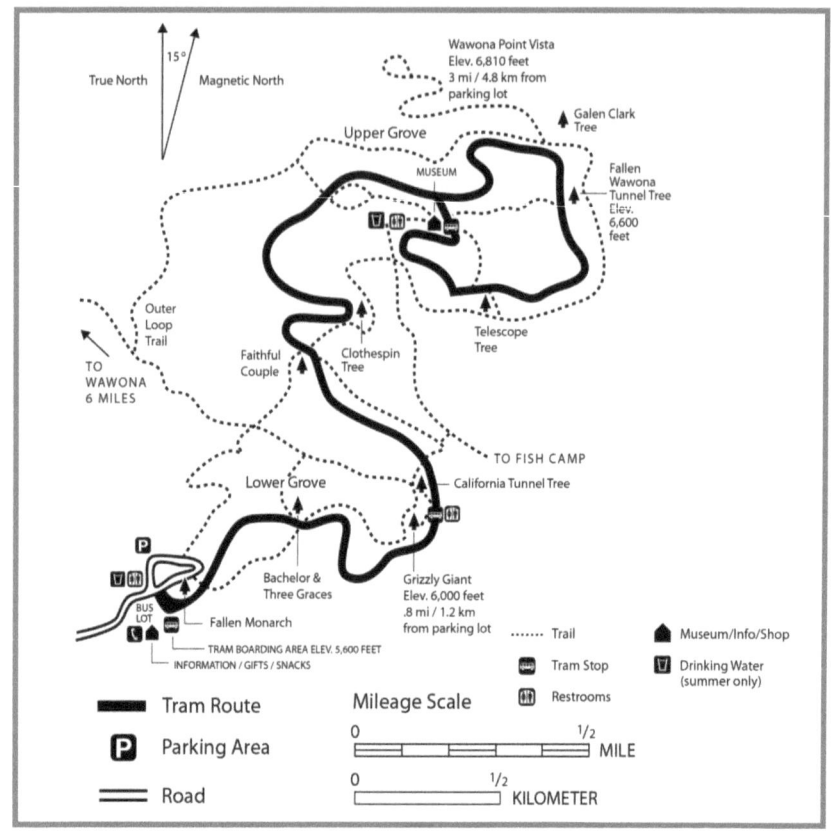

vorbei am umgestürzten „Wawona Tunnel Tree", dem „Telescope Tree" und der Mariposa Grove Cabin.

Mariposa Grove Trail nach Wawona Point

11,3 km hin und zurück
Höhenunterschied: ca. 365 Meter
Dauer: 4 bis 6 Stunden
Beginnen Sie im Ankunftsbereich von Mariposa Grove
Dieser breite und relativ ruhige Weg folgt einem Weg, den die Menschen seit Generationen nutzen, um den Hain zu betreten. Sehen Sie berühmte Mammutbäume wie den Bachelor und die Drei Grazien, das Treuepaar und den Wäscheklammerbaum auf diesem etwas anstrengenden Weg zum Oberlauf des Hains. Weiter zum historischen Wawona Point, einem Aussichtspunkt mit Panoramablick.

Hetch Hetchy
- Leichte Wanderungen
Overlook

2 Meilen / 3,2 km hin und zurück
Dauer: ca.1 Stunde
Trailhead: Hetch Hetchy Entrance Station
Diese kurze Wanderung führt zu einem Aussichtspunkt mit einem wunderschönen Blick auf das Hetch Hetchy Valley.

Wapama Falls

5 Meilen / 8 km Hin- und Rückweg
Dauer: ca. 2 Stunden
Trailhead: am O'Shaughnessy Stau-
damm

Dieser Weg führt zum Ausgangspunkt der Wapama Falls, vorbei an zwei kleineren Wasserfällen. Im Frühling /Sommer sieht man zahllose Wildblumen.

Hetch Hetchy
- Anstrengende Trails
Rancheria Falls

13,4 Meilen / 21,4 km hin und zurück
Dauer: 6 bis 8 Stunden
Trailhead: am O'Shaughnessy Stau-
damm

Dieser Weg folgt der Kontur der Klippen über dem Hetch Hetchy Reservoir zu den sehenswerten Rancheria Falls.

Smith Peak

13,5 Meilen / 21,5 km hin und zurück
Dauer: 6 bis 8 Stunden
Trailhead: Hetch Hetchy Entrance
Station

Durch Wiesen und Wälder geht es zum Smith Peak, von dem aus man einen herrlichen Blick auf das Hetch Hetchy Valley hat.

Poopenaut Valley

3 Meilen / 4,8 km hin und zurück
Dauer: ca. 2 Stunden
Trailhead: 4 Meilen östlich der Hetch
Hetchy Entrance Station (Abzweigung
auf der rechten Seite)

Diese Route bietet schnellen Zugang zum Tuolumne River, 735 Höhenmeter unterhalb des O'Shaughnessy Damms.

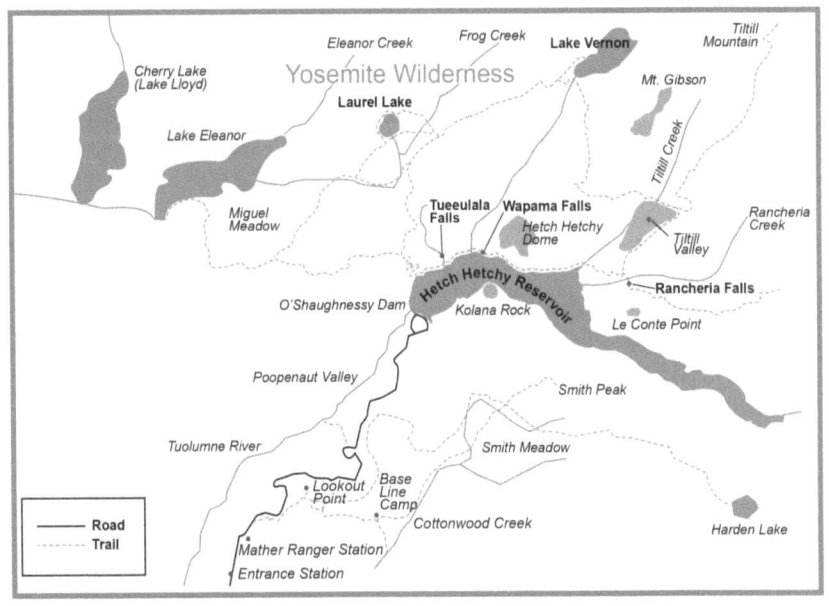

Klettern, Bouldern, Bergsteigen

Der Berg ruft

Die Berge, Felsen und Wände im Yosemite Nationalpark laden geradezu zum Klettern ein. Nachdem 1855 die ersten Touristen von einem Engländer Namens James Hutchings in das Yosemite Valley geführt wurden, waren es ab 1863 die Mitarbeiter des US-amerikanischen Vermessungsdienstes, die die ersten Yosemite-Gipfel offziell bestiegen: 1863 Mt. Dana (3.979 m) und Mt. Hoffmann (3.328 m), 1864 den Mt. Gibbs (3.890m) und 1866 den Mt. Conness (3.827 m) sowie den Mt. Clark (3.512 m). 1867 kam der Schotte John Muir erstmals in das Yosemite Valley (siehe auch Seite 23), 1969 gelang ihm die Erstbesteigung des anspruchsvollen, 3.322 Meter hohen Cathedral Peak. Ebenfalls aus Schottland stammte George G. Anderson, der 1875 den Half Dome (2.693 m) als Erster bestieg. Er benutzte schon Steinbohrer und führte später auch Touristen in die Berge des Yosemite.

In den nächsten Jahrzehnten blieb es beim „einfachen" Besteigen der Yosemite-Berge auf Routen, die kaum über den 2. Schwierigkeitgrad hinaus gingen. Erst nach 1930 etablierte sich in Kalifonien das „moderne" Bergsteigen mit Hilfsmitteln, wie zum Beispiel Seilen zur Sicherung.

Mit anspruchsvollerem Equipment wurden die Bergsteiger mutiger. John Sa-

lathè, ein aus der Schweiz stammender Hufschmied, schaffte zusammen mit Ax Nelson vom 13. bis 14. Oktober 1946 die Erstbesteigung der Half Dome-Südwestwand. Sie waren damit auch die Ersten, die in einer Wand des Yosemite biwakierten. Ein Jahr später benötigte das gleiche Team fünf Tage und vier Biwaks um den Granitgipfel des Lost Arrow auf der Chimney-Route zu erreichen. Erst 17 Jahre später sollte diese schwierige Route ein zweites Mal bewältigt werden.

Im Laufe der Jahre entwickelte sich das Bergsteigen immer weiter. Free Climbing und Clean Climbing stellten neue Herausforderungen. Das Free Solo Climbing - allein und ohne Seilabsicherung - erfordert höchste Körperbeherrschung und lässt keinen Spielraum bei

Safety first - Nur mit guter Ausrüstung sollte m

möglichen Fehlern. Aber egal, ob einfaches Bergwandern oder anspruchsvolles Free Climbing, es ist die Nähe zur Natur, in der jeder nach eigenem Gusto seine persönliche Herausforderung und sein eigenes Bergerleben findet.

Heute gibt es mehr als 1.000 Routen mit unterschiedlichsten Schwierigkeitsgraden zu den Gipfeln des Yosemite. Das spezielle Problem dabei ist - wie auch im „normalen" Yosemite-Tourismus - der große Andrang der Menschen, die sich dieses einzigartige Naturschauspiel nicht entgehen lassen wollen. Die Parkverwaltung will den gewaltigen Ansturm regulieren, indem sie nur noch eine begrenzte Anzahl von Genehmigungen erteilt. Ob ihr das gelingt?

n die Berge wagen!

„The Nose"

Die rund 1000 Meter lange Kletterroute entlang einer markante Kante des berühmten El Capitan gilt als die beliebteste, aber auch als berüchtigste Felskletterroute der USA. Galt „The Nose" anfangs als unlösbare Herausforderung, so schaffte es das Trio John Long, Jim Bridwell und Billy Westbay 1975 erstmals, die komplette Route an nur einem Tag (17:45 Std.) zu begehen. Mit dem aufkommenden Speed-Climbing purzelten dann die Rekorde. 1990 drückte Hans Florine, zusammen mit Steve Schneider die Aufstiegszeit auf 8:06 Stunden. Dean Potter und Timmy O'Neil schafften es im Oktober 2001 in 3:59:35 Stunden. 2007 war dann das Jahr der deutschen Alexander und Thomas Huber. Zuerst verbesserten sie am 4. Oktober den von Hans Florine und Yuji Hirayama 2002 aufgestellten Rekord um 25 Sekunden auf 2:48:30 Std. Nur vier Tage später unterboten die „Huberbuam" sich selber und stellten mit 2:45:45 Std. eine neue Bestleistung auf. 2018 wollten dann Tommy Caldwell und Alex Honnold die Zwei-Stunden-Schwelle knacken. Bei den ersten beiden Versuchen am 30. Mai und am 4. Juni stellten die beiden Ausnahmebergsteiger mit 2:10:15 bzw. 2:01:50 zwar neue Rekorde auf, aber erst im dritten Anlauf am 6. Juni gelang ihnen das schier Unmögliche: „The Nose" in 1:58:07.

Mit der Höher-Weiter-Schneller-Mentalität stiegen natürlich auch die Gefahren. Erst im Mai 2018 brach sich der erfahrene Hans Florine auf der Jagd nach einem neuen „The Nose-Rekord" beide Beine, nachdem eine Sicherung nicht hielt und er fast 10 Meter tief ins Seil fiel.

Reiten im Yosemite NP
Auf dem Rücken der Pferde...

Jenseits der Wanderwege kann der Yosemite Nationalpark auch im Rahmen von geführten Horseback-Riding-Touren erkundet werden. Auf dem Rücken der Pferde lässt sich die Natur oftmals noch intensiver wahrnehmen. Die Horseback Trails führen meist abseits der Straßen durch die grandiose Natur der Sierra Nevada. Drei Anbieter führen unterschiedliche Ausritte durch:

● **Big Trees Stable**
8308 Wawona Road
Yosemite Valley, CA 95389
Tel. 209-375-6502
YosemiteStables@aramark.com
www.yosemite.com/what-to-do/big-trees-lodge-stable
Der Reitstall innerhalb der Parkgrenzen ist witterungsabhängig nur in den Monaten Mai bis September geöffnet. Für die ein- und zweistündigen leichten Ausritte im flachen Gelände sind keine großen Erfahrungen mit Pferden erforderlich. Anfänger bekommen ein friedliches Maultier zugewiesen. Die Tour folgt dem Weg der frühen Pioniere und bietet Ausblicke auf die Big Trees Lodge, den Wawona Meadow Loop, ein ehemaliges Miwok Camp, den Wawona Dome und üppige Wälder. Die Teilnehmer müssen mindesten 7 Jahre alt sein und dürfen nicht mehr als ca. 100 kg wiegen. Lange Hosen und geschlossene Schuhe werden empfohlen. Die Ausritte beginnen um 07.00, 10.00 13.00 und um 14.00 Uhr. Wegen der Sicherheitseinweisung sollten die Teilnehmer jedoch schon eine Stunde vor dem Start im Reitstall eintreffen.

● **Yosemite Trails Saddle and Sleigh Company**
7910 Jackson Road/Big Sandy
Fish Camp, CA 93623
Tel. 559-683-7611
www.yosemitetrails.com
Die familiengeführte Ranch liegt im Ort Fish Camp, unmittelbar am südlichen Ausgang des Nationalparks. Angeboten werden in den Sommermonaten ein- und zweistündige Ausritte in die dichten Fichtenwälder des Parks sowie ein exklusiver halbtägiger Ritt in den Mariposa Grove. Im Winter werden stimmungsvolle Schlittenfahrten angeboten.

● **Mariposa Mountain Riders**
P.O. Box 1329
Mariposa, CA 95338
Tel. 209-377-8202
mariposamtnriders@gmail.com
www.mariposamtmriders.com
Die Clubmitglieder bieten organisierte drei- bis vierstündige Ausritte (mit Mittagspause) in einige der schönsten Landschaften der Region. Ein- bis zweimal im Jahr organisiert der Club einen beliebten Trailride mit Übernachtung in der Natur.

Wegen dem großen Andrang sollte man bei allen Anbietern rechtzeitig reservieren.

Radfahren im Yosemite NP
Aber sicher

Das Yosemite Valley ist perfekt zum Fahrradfahren - es ist flach und eben. Radfahren ist daher eine der einfachsten und unterhaltsamsten Möglichkeiten um alle Höhepunkte im Yosemite Valley zu sehen. Radwege mit einer Gesamtlänge von rund 12 Meilen sind im Tal befahrbar. Auch wer kein eigenes Fahrrad dabei hat, kann Yosemite auf zwei Rädern erforschen - es gibt zwei Verleihstationen.

Fahrräder, Anhänger für Kinder, Anhänger und Helme stehen für alle Altersgruppen und Fähigkeiten zur Verfügung.

Mietkosten
Standardräder:

12,00 $ pro Stunde
33,50 $ pro Tag
Fahrräder mit angehängtem Anhänger:
19,25 $ pro Stunde
60,00 $ pro Tag

Für Gäste mit körperlichen Einschränkungen stehen eine begrenzte Anzahl von Tandems und Fahrrädern mit Handkurbeln zur Verfügung. Diese sollten vorab reserviert werden.

Die Verleihstationen:
● **Yosemite Valley Lodge**
Tel. 209-372-1208
Die Verleihstation befindet sich direkt neben dem Swimmingpool und ist ab dem Frühling bis zum Herbst täglich geöffnet.
Betriebszeiten: 8.00 bis 19.00 Uhr

Wer sich an die Regeln hält, kann auf den gut ausgebauten Radwegen im Yosemite Valley sicher Fahrrad fahren.

Letzter Fahrradverleih des Tages: 17.45 Uhr. Alle Fahrräder müssen bis 18.45 Uhr zurückgegeben werden
Shuttlebushaltestelle: #8
Empfohlene Radtour:
Von der Verleihstation an der Yosemite Valley Lodge zunächst auf dem Radweg über die Wiese und über die Brücke in Richtung Kapelle. Dann vorbei am Yosemite Conservation Heritage Centre zum Half Dome Village, wo man eine Pizza oder ein Eis genießen kann. Für den Rückweg durch das Tal folgt man den Schildern zum Yosemite Village.
Hin- und Rückfahrt: etwa 8 km.

● **Half Dome Village**
Tel. 209-372-8323
Der Kiosk des Half Dome Village Fahrradverleihs befindet sich neben dem Front Office des Half Dome Village. Auch hier kann man vom Frühling bis zum Herbst täglich Fahrräder mieten.
Betriebszeiten: 8.00 bis 19.00 Uhr
Letzter Fahrradverleih des Tages: 17.45 Uhr. Alle Fahrräder müssen bis 18.45 Uhr zurückgegeben werden.
Shuttlebushaltestelle: #13
Empfohlene Radtour:
Der Radweg führt vom Half Dome Village zum Mirror Lake. Hier kann man sein Fahrrad an ausgewiesenen Fahrradständer abstellen und noch ein wenig zu Fuß gehen. Ein Picknick in einer wunderschönen Umgebung und/oder einfach entspannte Stunden am Wasser bieten sich an. Auf gleichem Weg geht es dann zurück.
Hin- und Rückfahrt: ca. 3,5 km.

Regeln für Radfahrer im Yosemite Valley

Das Befolgen aller Verkehrsregeln und -zeichen ist obligatorisch.

Radfahrer unter 18 Jahren müssen jederzeit einen Helm tragen. Für alle anderen Fahrradfahrer wird das Tragen von Helmen zu ihrer eigenen Sicherheit empfohlen.

Radfahren ist nur auf den asphaltierten und ausgeschilderten Radwegen erlaubt. Auf Wanderwegen sind Fahrräder nicht gestattet.

Bitte auf den Wegen rechts fahren.

Leihfahrräder sind auf dem Mirror Lake Hill und dem Lower Yosemite Falls Trail nicht gestattet.

Mit Leihfahrräder darf das Yosemite Valley nicht verlassen werden.

Angeln im Yosemite
Petri heil!

Der Yosemite Nationalpark bietet zahlreiche ansprechende Angelplätze mit einer Fülle von Regenbogen- und Bachforellen. An über 1.000 km Uferzonen der fließenden Gewässer und an den unberührten Bergseen des Parks findet jeder Angler seinen Platz.

Die Fischereibestimmungen für den Yosemite Nationalpark entsprechen denen des Staates Kalifornien. Personen ab einem Alter von 16 Jahren müssen einen gültigen kalifornischen Angelschein besitzen. Die Angelscheine können im Mountain Shop im Half Dome Village (ehemals Curry Village) und im Pioneer Gift & Grocery in Wawona erworben werden.

Die Saison für Bach- und Flussangeln beginnt jedes Jahr am letzten Samstag im April und dauert bis zum 15. November. Alle Seen und Stauseen dagegen sind das ganze Jahr über für die Fischerei freigegeben.

Es gibt einige spezielle Vorschriften, die innerhalb des Parks gelten:
● Es dürfen keine lebenden oder toten Elritzen oder andere Köderfische, Amphibien, nicht konservierte Fischeier oder Rogen verwendet werden.
● Angeln von Brücken ist verboten.

Sonderregeln für das Yosemite Valley und El Portal (Happy Isles bis Foresta Bridge):
● Regenbogenforellen (Oncorhynchus mykiss) sind nur Catch-and-Release.
● Das Limit für Bachforellen ist fünf pro Tag.
● Es dürfen nur Kunstköder oder Fliegen mit Widerhaken verwendet werden; Köderfischen ist verboten.
● Der Mirror Lake gilt als Bach und ist nur während der Saison zum Angeln freigegeben.

Sonderregeln für den Tuolumne River vom O'Shaughnessy Dam flussabwärts bis zum Early Intake Diversion Dam:
● Maximale Größenbeschränkung von 12 Zoll Gesamtlänge.
● Maximal zwei Forellen pro Tag
● Es dürfen nur Kunstköder oder Fliegen mit Widerhaken verwendet werden.

Regenbogenforellen müssen im Yosemite Valley nach dem Fang wieder ausgesetzt werden (Catch-and-Release).

Rafting im Yosemite
Erfrischende Angelegenheit

Nach einer Wanderung durch den Nationalpark kann eine Bootsfahrt auf dem Merced River eine angenehme Abkühlung sein. Die eher gemütliche Fahrt geht von der Stoneman Bridge (Half Dome Village) bis zur drei Meilen entfernten Sentinel Beach Picnic Area. Die Yosemite-Rafting-Saison variiert von Jahr zu Jahr und hängt von der Wassertiefe sowie der Wassertemperatur ab. Normalerweise geht es im Juni los. Nach einem schneereichen Winter kann die Saison bis Ende August dauern. Der Merced River wird für Boote freigegeben, wenn der Wasserstand auf Höhe der Pohono Bridge um 08:00 Uhr morgens unter sieben Fuß liegt.

Die Kosten liegen bei 28,50 $ pro Person. Der Preis beinhaltet die Miete für Schlauchboot, Paddel und Schwimmweste sowie die Shuttle-Fahrt zurück zum Ausgangspunkt. Die Shuttlebusse fahren alle 30 - 40 Minuten. Um 18:00 Uhr fährt der letzte Shuttle ab.

Besucher können ein Vier-Personen-Schlauchboot an den folgenden Orten buchen:
- Yosemite Valley Lodge Tourschalter
- Half Dome Village Tourkiosk
- Yosemite Village Tourkiosk
- Concierge-Schalter des Majestic Yosemite Hotels

Es wird empfohlen, die Buchung mindestens einen Tag im voraus zu tätigen.

Pro Boot müssen zwei fähige Paddler an Bord sein, darunter mindestens ein Erwachsener. Die Boote dürfen nicht zusammen gebunden werden.

Kein gefährliches Rafting - eher gemütliches Paddeln ist auf dem Merced River angesagt.

Wintersport im Yosemite
Schneegebiete

Wintersport im Nationalpark? Warum nicht! Am Badger Pass, südlich des Yosemite Valleys, liegt an der Straße zum Glacier Point ein kleines, aber traditionsreiches Wintersportgebiet. Die Yosemite Ski & Snowboard Area ist das älteste Skigebiet in Kalifornien. Die Skischule, die heute 25 Skilehrer beschäftigt, wurde bereits 1928 eröffnet, die Ski Lodge 1935, ein Jahr später der erste Lift.

dementsprechend relativ kurz. Dafür ist die Area mit einem Tagespasspreis von 42$ eines der günstigsten Skigebiete Kaliforniens. Neben dem Abfahrtslauf sind auch noch Langlauf, Snowboardfahren und Schneeschuhwanderungen möglich. Den Langläufern stehen 145 km markierte Loipen, davon 40 km gespurt, zu Verfügung. Ausgangspunkt für alle Aktivitäten ist die Badger Pass Ski Lodge, in der auch Skilauf-Equipment gemietet werden kann. Eine der interessantesten Touren ist eine 34 km lange Schleife vom Badger Pass zum Glacier Point. Die Aussicht auf den Half Dome ist im Winter spektakulär.

Skifahren in Yosemite um 1900. Damals weniger Sport, eher winterliches Fortbewegungsmittel.

Heute stehen den Besuchern 10 Abfahrten und 5 Skilifte auf einer Fläche von ca. 35 ha zur Verfügung. In der Skisaison von Ende Dezember bis Anfang April liegen hier durchschnittlich 128 cm Schnee. Immerhin befindet sich der höchste Punkt des Skigebiets auf 2.377 Metern Höhe. Die Talstation liegt etwa 183 Höhenmeter tiefer. Die Pisten sind

Yosemite Ski & Snowboard Area
7082 Glacier Point Road
Yosemite, CA 95389
Tel. 209-372-8430
Schneetelefon: 209-372-1000
www.travelyosemite.com/winter/yosemite-ski-snowboard-area/

Camping im Yosemite NP

Ankunft	Früheste Reservierung
15.12.-14.01.	ab 15.08.
15.01.-14.02.	ab 15.09.
15.02.-14.03.	ab 15.10.
15.03.-14.04.	ab 15.11.
15.04.-14.05.	ab 15.12.
15.05.-14.06.	ab 15.01.
15.06.-14.07.	ab 15.02.
15.07-14.08.	ab 15.03.
15.08.-14.09.	ab 15.04.
15.09-14.10.	ab 15.05.
15.10.-14.11.	ab 15.06.
15.11.-14.12.	ab 15.07.

Wie in allen anderen US Nationalparks ist auch im Yosemite das Campen nur auf den dafür freigegebenen Plätzen erlaubt. Parkplätze gehören nicht dazu. Der NPS hat auf dem Gebiet des Nationalparks 13 Campgrounds eingerichtet, von denen sieben reservierbar sind. Die Stellplätze auf den restlichen sechs Campgrounds werden nach dem Prinzip „First-come, first-served" vergeben. Da das Campen im Yosemite Nationalpark sehr beliebt ist, empfiehlt es sich unbedingt die Plätze Upper Pines, Lower Pines, North Pines, Wawona, Hodgdon Meadow, Crane Flat und Toulumne Meadows frühzeitig vorzubuchen. Dies ist möglich über die Homepage

www.recreation.gov

oder über die Telefonnummer 877-444-6777. Von außerhalb der USA werden Reservierungen über die Rufnummer 518-885-3639 angenommen.

Erste Camper in Yosemite um 1890.

Campgrounds im Yosemite Nationalpark

Campingplätze für Wohnmobile und Zelte

● **Upper Pines Campground**
GPS: 37°44'10"N, 119°33'45"W
Der Campground liegt auf einer Höhe von rund 1.200 Metern NN am östlichen Ende des Yosemite Valleys und ist damit ein guter Ausgangspunkt für Wanderungen zu den Vernal und Nevada Wasserfällen sowie zum Half Dome. Der Platz ist das ganze Jahr über geöffnet und verfügt über 238 Stellplätze für Wohnmobile bis zu einer Länge von 35 Fuß - Trailer sind bis 24 Fuß zugelassen. Die Stellplätze in Upper Pines verfügen über jeweils eine Feuerstelle und einen Picknicktisch, aber über keinerlei Ver- oder Entsorgung. Lediglich am Eingang zum Campground ist eine Dump-Station. In jedem der sechs Loops sind Toiletten mit fließend Wasser vorhanden. Im nahegelegenen Half Dome Village (ehemals Curry Village) gibt es einen Lebensmittelladen und kostenpflichtige Duschen. Upper Pines sollte unbedingt im voraus reserviert werden. Die Kosten pro Übernachtung betragen 26 $.
Tel. 209-372-8502

• Lower Pines Campground

GPS: 37°44'27"N, 119°34'0"W

Gegenüber von Upper Pines liegt der kleinere Lower Pines Campground. Seine 60 Stellplätze sind von Anfang April bis Ende Oktober zugänglich. Hier sind Wohnmobile bis 40 Fuß und Trailer bis 35 Fuß zugelassen. Auch hier empfiehlt sich eine rechtzeitige Reservierung (www.recreation.gov oder Tel. 877-444-6777).

Tel. 209-372-8502

• North Pines Campground

GPS: 37°44'31"N, 119°33'56"W

Gegenüber dem Lower Pines liegt der einfache aber wunderschöne North Pines Campground auf der anderen Seite des Merced Rivers. Die 81 Stellplätze verteilen sich unter hohen, schattenspendenden Bäumen. Der Campground ist von Anfang April bis Anfang November geöffnet und sollte, wie alle Plätze im Valley unbedingt zeitig vorreserviert werden (www.recreation. gov oder Tel. 877-444-6777). Zugelassen sind Wohnmobile bis 40 Fuß und Trailer bis 35 Fuß. Achtung: Mit Slide-out kann es teilweise zwischen den Bäumen recht eng werden.

Tel. 209-372-8502

• Wawona Campground

GPS: 37°34'23"N, 119°39'54"W

Der Platz mit 93 Stellplätzen liegt zwischen der Wawona Road und der South Fork des Merced Rivers im Süden des Nationalparks. Er ist ganzjährig für RVs und Trailer bis 35 Fuß geöffnet und sollte von April bis Oktober unbedingt vorreserviert werden (www.recreation. gov oder Tel. 877-444-6777). Im Winter ist nur der Loop

A geöffnet - ca. 20 Stellplätze, die nach dem First-come, first-served Prinzip vergeben werden. Keine Hookups. Einkaufsmöglichkeit im nahegelegenen Wawona Grocery Store.

Tel. 209-375-9535

• Bridalveil Creek Campground

GPS: 37°39'44"N, 119°37'11"W

Ruhig gelegener Platz an der Glacier Point Road. 110 schattige Stellplätze im Wald für RVs bis 35 Fuß. Keinerlei Ver- und Entsorgung. First-come, frist-served Prinzip. Nur von August bis September geöffnet.

Tel. 209-375-9535

• Hodgdon Meadow CG

GPS: 37°47'56"N, 119°51'57"W

Der Platz liegt am Big Oak Flat Entrance (Hwy. 120) im Nordwesten des Nationalparks. Auf einer Höhe von etwa 1.500 Metern NN mitten im Wald gelegen sind leider nicht alle 105 Stellplätze (für RVs bis 35 Fuß) eben, sodass teilweise stark „gelevelt" werden muss. Zwei Toilettenhäuser mit fließendem Wasser sind vorhanden. Der Platz ist ganzjährig geöffnet. Von April bis Oktober empfiehlt es sich rechtzeitig vorab den Stellplatz zu reservieren (www.recreation. gov oder Tel. 877-444-6777). Von Hodgdon Meadows bis ins Yosemite Valley fährt man 45 bis 60 Minuten.

Tel. 209-372-0200

• Crane Flat Campground

GPS: 37°45'50"N, 119°50'40"W

Campground mit 166 weitestgehend naturbelassenen, teils unebenen Stellplätzen in der Nähe der Einmündung der Tioga Road auf die Big Oak Flat

Road. Hier befindet sich eine Tankstelle mit Einkaufsmöglichkeit. Der Campingplatz ist von Anfang August bis Anfang Oktober geöffnet, verfügt über fünf Toilettenhäuser mit fließend Wasser und ist für RVs bis 35 Fuß ausgelegt. Eine Reservierung ist erforderlich (www.recreation. gov oder Tel. 877-444-6777). Von hier aus bis zum Yosemite Valley fährt man noch ungefähr 30 Minuten. Tel: 209-379-2123

● Tuolumne Meadows
GPS: 37°52'16"N, 119°21'36"W
Der mit 304 Stellplätzen größte Campground des Nationalparks liegt auf einer Höhe von etwa 2.600 Meter NN an der Tioga Road gleich hinter der Tankstelle. Er liegt auf einer bewaldeten Hochebene am Toulumne River und ist von Ende Juli bis Ende September für RVs bis 35 Fuß geöffnet. 50% der Stellplätze können reserviert werden, der Rest wird nach dem Firstcome, first served Prinzip vergeben. Es gibt einen Store mit Restaurant, Toilettenhäuser mit fließend Wasser sowie eine Dump Station mit der Möglichkeit die Wassertanks aufzufüllen. Tel. 209-372-4025

● White Wolf Campground
GPS: 37°52'22"N, W 119° 38' 49"
Am Ende einer etwa 1,5 km langen von der Tioga Road in nördlicher Richtung abzweigenden Stichstraße. Die 74 Stellplätze sind für RVs bis 27 Fuß geeignet und werden nach dem Firstcome, first-served Prinzip vergeben. Der Platz ist von Anfang August bis Ende September nutzbar und verfügt über drei Toilettenhäuser mit fließendem Wasser.

Campingplätze nur für Zelte

● Camp 4
Ganzjährig geöffneter Zeltplatz mit 35 Sites in der Nähe der Yosemite Vallye Lodge. First-com, first-served.

● Tamarack Flat Campground
Einsamer Zeltplatz (1.900 m NN) mitten im Wald am Tamarack Creek zwischen Tioga Road und Yosemite Valley. 52 Stellplätze, die mit Feuerstelle, Picknick-Tisch und Food-Locker ausgestattet sind. Geöffnet von Anfang August bis Mitte September. Plumps-Klo. Kein Trinkwasser.

● Yosemite Creek Campground
Zeltplatz sechs Kilometer südlich der Tioga Road mit 75 Stellplätzen. Die Sites sind ausgestattet mit Feuerstelle, Picknick-Tisch und Food-Locker. Geöffnet von Anfang August bis Anfang September. Plumps-Klo. Kein Trinkwasser.

● Porcupine Flat
52 Zeltplätze mit Fire Ring, Picknick-Tisch und Food Locker. Campground liegt auf einer Höhe von etwa 2.500 Meter NN nördlich der Tioga Road. Geöffnet von Anfang August bis Mitte Oktober.

Yosemite NP von A bis Z

ATM Geldautomaten
- **Yosemite Valley Lodge Lobby**
- **The Village Store**
- **The Majestic Yosemite Hotel**
- **Half Dome Village Gift/Grocery**
- **Wawona Pioneer Gift/Grocery**

Auto-Service
- **Yosemite Village Garage**

Tel. 209-372-1060
Öffnungszeiten: 08:00 bis 17:00 Uhr
24h AAA Abschleppdienst
Propangas verfügbar bis 16:30 Uhr

Duschen
- **Housekeeping Camp**

Geöffnet von 07:00 bis 22:00 Uhr
- **Half Dome Village**

24h geöffnet

Hotels/Unterkünfte
- **The Majestic Yosemite Hotel**

(früher The Ahwahnee)
1 Ahwahnee Drive
Yosemite, CA 95389
Tel. 888-413-8869
www.travelyosemite.com
97 Zimmer, WLAN, Pool
- **Yosemite Valley Lodge**

(früher Yosemite Lodge at the Falls)
9006 Yosemite Lodge Drive
Yosemite, CA 95389
Tel. 888-413-8869
www.travelyosemite.com
245 Zimmer, WLAN

- **Big Trees Lodge**

(früher Wawona Hotel)
8308 Wawona Road
Yosemite, CA 95389
Tel. 888-413-8869
www.travelyosemite.com
Geöffnet von März bis November
104 Zimmer, WLAN, Pool, Golfplatz, Reitstall
- **Half Dome Village**

(früher Curry Village)
9010 Curry Village Drive
Yosemite, CA 95389
Tel. 877-444-6777
www.travelyosemite.com
Zeltkabinen mit und ohne Bad/Heizung, Motelzimmer
- **Housekeeping Camp**

Southside Drive
Yosemite, CA 95389
Tel. 877-444-677
www.travelyosemite.com
Geöffnet von April bis Oktober
Einfache Zeltkabinen mit Holzböden.
- **White Wolf Lodge**

White Wolf Road(an der Tioga Road)
Yosemite, CA 95389
Tel. 888-413-8869
www.travelyosemite.com
Geöffnet Juli bis September
Einfache Zeltkabinen mit Holzboden sowie Holzhütten mit Bad/WC

Kirchen
- **Römisch-katholische Messe „Our Lady of the Snows"**

Samstag: 18:00 Uhr im Lower pines Amphitheater
Sonntag: 10:00 Uhr im Theater am Yosemite Valley Visitor Center
Pfarrhaus: Tel. 209-372-4729

- **Yosemite Community Church**

Sonntag: 09:15 Uhr Yosemite Chapel,
11:00 Uhr Yosemite Chapel,
18:30 Uhr Yosemite Chapel.
Mittwoch: 19:00 Uhr Yosemite Chapel
Tel. 209-372-4831
YosemiteChapel@sbcglobal.net
www.YosemiteValleyChapel.org

Ladestationen für Elektrofahrzeuge

- **Village Garage**
- **The Majestic Hotel**

Zusätzlich kann eine Tesla Charging Station am Majestic Hotel angefahren werden.

Lebensmittel

- **Village Store**

Yosemite Village
Täglich von 08:00 bis 22:00 Uhr

- **Degnan's Kitchen**

Yosemite Village
Täglich von 07:00 bis 18:00 Uhr

- **Grocery & Gift Shop**

Half Dome Village
Täglich von 08:00 bis 22:00 Uhr

- **Grocery & Gift Shop**

Housekeeping Camp
Täglich von 08:00 bis 20:00 Uhr

- **Big Trees Store & Pioneer Gift Shop**

Wawona
Täglich von 08:00 bis 20:00 Uhr

- **Crane Flat Store**

Crane Flat
Täglich von 08:00 bis 19:00 Uhr

Medizinische Versorgung

- **Yosemite Medical Clinic**

9000 Ahwahnee Drive (zwischen Yosemite Village und dem Majestic Yosemite Hotel)
Tel. 209-372-4637
Fax 209-372-4330
Mo - Fr von 09:00 bis 17:00 Uhr, in den Sommermonaten zusätzlich Sa von 14:00 bis 19:00 Uhr

Museen

- **The Ansel Adams Gallery**

Neben dem Valley Visitor Center
PO Box 455
Yosemite, CA 95389
Tel. 209-372-4413
www.anseladams.com
Täglic von 09:00 bis 18:00 Uhr

- **Yosemite Museum**

Neben dem Valley Visitor Center
Täglich von 09:00 bis 17:00 Uhr

Equipment

Fahradvermietung

- **Bicyle Rentals Yosemite Village**

Wetterabhängig von 08:00 - 19:00 Uhr

- **Bicyle Rentals Half Dome Village**

Wetterabhängig von 08:00 - 19:00 Uhr

Schlauchbootvermietung

- **Raft Rentals Half Dome Village**

von 10:00 - 16:00 Uhr

Post

- **Main Post Office**

Yosemite Valley
Nähe Ansel Adams Gallery
werktags von 08:30 bis 17:00 Uhr und
Samstags 10:00 bis 12:00 Uhr

- **Yosemite Valley Lodge Post Office**

Montag bis Freitag von 12:30 bis 14:45 Uhr

- **Wawona Post Office**

Montag bis Freitag von 09:00 bis 17:00 Uhr, Samstags von 09:00 bis 12:00 Uhr

Tankstellen

- **Wawona**

Täglich von 08:00 bis 17:00 Uhr

- **Crane Flat**

Täglich von 08:00 bis 19:00 Uhr

- **El Portal**

An den drei genannten Tankstellen kann rund um die Uhr mit Kreditkarte getankt werden.

Visitor Center

- **Yosemite Valley Visitor Center**

Im Valley unweit des Post Office
Tel. 209-372-0299
Täglich geöffnet von 09:00 bis 17:00 Uhr.

- **Valley Wilderness Center**

Nahe dem Post Office
Tel. 209-372-0299
Täglich geöffnet von 09:00 bis 17:00 Uhr.

Waschsalons

- **Laundry Housekeeping Camp**

95338 Mariposa (und Umgebung) von A bis Z

Abschleppunternehmen

- **Ponderosa Auto Towing**

5610 Carleton Road
Mariposa, CA 95338
Tel. 209-966-5554

Apotheken

- **Rite Aid Pharmacy**

4994 Joe Howard St.
Mariposa, CA 95338
Tel. 209-742-7600

- **San Joaquin Drug**

9215 Highway 140
Planada, CA 95365
Tel. 209-382-1291
sanjoaquindrug@hotmail.com
www.sjdrug.com

ATM Geldautomaten

- **Yosemite Bank**

In Norden der Stadt an der Kreuzung der Highways 140 und 49 North

- **Westamerica Bank**

Jessie Street, in der Nähe vom Mariposa History Center

- **Merco Credit Union**

Coakley Circle Drive (hinter Burger King)

- **Merced School Employees Federal Credit Union**

Pioneer Market Shopping Center
Coakley Drive

● **The Stage Stop Mini Mart (and Gas Station)**
In der Innenstadt an der Kreuzung von Highway 140 und 10th Street.

Auto-Service
● **Bob Blackburn's Mountain Automotive & RV Center**
5011 8th Street
Tel. 209-966-3734
bobgblackburn@hotmail.com
● **Mike Butler Auto Repair**
5575 CA Hwy 49
Tel. 209-742-6141

Banken
● **Yosemite Bank**
5171 Highway 49 NO
Mariposa, CA 95338
Tel. 209-966-5444
mforaker@yosemitebank.com
www.yosemitebank.com
● **Westamerica Bank**
5121 Highway 140
Mariposa, CA 95338
Tel. 209-966-7561
mercedregion@westamerica.com
www.westamerica.com
● **Merco Credit Union**
5011 Coakley Circle
Mariposa, CA 95338
Tel. 209-723-4285
kristin@merco.org

Campingplätze
● **Mariposa Fairgrounds & Expo Center**
5007 Fairgrounds Road
Mariposa, CA 95338
Tel. 209-966-2432

mariposafair@sti.net
www.mariposafair.com
Stellplätze mit Wasser und Strom-Anschluss, Toiletten, Duschen. First come-first served Basis.
● **Indian Flat Campground**
9988 Hyw. 140
El Portal, CA 95318
Tel. 209-379-2339
www.indianflatrvpark.com
25 RV Stellplätze mit Full Hook-up, 25 für Zelte, Pool
● **Yosemite West Mariposa KOA**
6323 Highway 140
Midpines, CA 95345
Tel. 209-966-2201
koa@sti.net
www.koa.com/campgrounds/yose-mite-west/com
Kleiner gemütlicher KOA mitten im Wald. RV Stellplätze mit Full Hook-up, Laundry, WLAN, Pool
● **Yosemite Pines RV Resort**
20450 Old Hwy 120
Groveland, CA 95321
Tel. 209-962-7690
yosemite@yosemitepinesrv.com
www.yosemitepinesrv.com
Full Hook-up Stellplätze, General Store, Spielplätze, Streichel-Zoo, Laundry, WLAN, großer Pool
● **Yosemite RV Resort**
34094 CA State Highway 41
Coarsegold, CA 93614
Tel. 866-862-4059
yosemite@rvcoutdoors.com
www. rvcoutdoors.com/yosemite-rv-resort/
Full Hook-up Stellplätze, Spielplatz WLAN, großer Pool

Hotels/Motels

- **5th Street Inn**
4994 5th Street
Mariposa, CA 95338
Tel. 209-966-6048
fifthstreetinn@sti.net
www.fifthstreetinn.com
9 individuell eingerichtete Zimmer
- **Best Western Plus Yosemite Way Station**
4999 Highway 140
Mariposa, CA 95338
Tel. 209-966-7545
amrut4us@yahoo.com
www.yosemitebestwestern.com
77 Zimmer, WLAN, Pool, Spa
- **Cedar Lodge**
9966 Hwy 140
El Portal, CA 95318
Tel. 209-379-2612
www.yosemiteresorts.us
211 Zimmer, WLAN, Indoor- und Out-door-Pool, Spa, freies Parken
- **Mariposa Historic Hotel Inn**
5029 Highway 140
Mariposa, CA 95338
Tel. 209-966-7500
mariposahotelinn@sti.net
www.mariposahotelinn.com
6 historisch eingerichtete Zimmer
- **Mother Lode Lodge**
5051 Highway 140
Mariposa, CA 95338
Tel. 209-966-2521
motherlodelodge@sti.net
www.mariposamotel.com
Familiengeführtes Hotel, 14 Zimmer, WLAN, Pool
- **Quality Inn Yosemite Gateway**
4994 Bullion Street
Mariposa, CA 95338
Tel. 209-966-4344
gm.ca938@choicehotels.com

- **Yosemite Sierra Inn**
40662 Highway 41
Oakhurst, CA 93644
Tel. 559-642-2525
info@yosemitesierrainn.com
www.yosemitesierrainn.com
- **Yosemite View Lodge**
11136 Highway 140
El Portal, CA 95318
Tel. 209-379-2681
www.yosemiteresorts.us
335 Zimmer, 1 Indoor- und 3 Outdoor-Pools. Spa, freies Parken.
- **Tenaya Lodge**
1122 Highway 41
Fish Camp, CA 93623
Tel. 559-692-8922
kpoetter@delawarenorth.com
www.tenayalodge.com

Lebensmittel

- **Bootjack Market and Deli**
3939 Bootjack Lane
Mariposa, CA 95338
Tel. 209-966-4555
ahwahneegal@yahoo.com
- **High Country Health Foods & Cafe**
5186 Highway 49 NO
Mariposa, CA 95338
Tel. 209-966-5111
hchf@sti.net
www.highcountryhealthfoods.com
- **Pioneer Market**
5034 Coakley Circle
Mariposa, CA 95338
Tel. 209-742-6100
jay@sti.net
www.pioneersupermarket.com

● **Sweetwater**
5016 Hwy. 140
Mariposa, CA 95338
Tel. 209-966-7200
kirstiekari@gmail.com

Medizinische Versorgung
● **John C. Fremont Healthcare**
5189 Hospital Road
Mariposa, CA 95338
Tel. 209-966-3631
Fax 209-966-3776
jcfadm@jcf-hospital.com
www.jcf-hospital.com

Museen
● **California State Mining & Mineral Museum**
5005 Fairgrounds Road
Mariposa, CA 95338
Tel. 209-742-7625
www.camineralmuseum.com
● **Mariposa Museum & History Center**
5119 Jessie Street
Mariposa, CA 95338
Tel. 209-966-2924
www.mariposamuseum.com
Täglich geöffnet von 10:00 bis 16:00 Uhr
● **Northern Mariposa County History Center**
10301 Highway 49
Coulterville, CA 95311
Tel. 209-878-3015
www.coultervillehistorycenter.org/
Geöffnet Do bis So von 10:00 bis 16:00 Uhr

Post
● **US Postal Service**
5109 Jessie St.
Mariposa, CA 95338
Tel. 209-966-5798
Fax 209-966-3278
Montag bis Freitag von 09:00 bis 17:00 Uhr. Samstag von 10:00 bis 13:00 Uhr.

Reifen
● **Mike Butler Auto Repair**
5575 CA Hwy 49
Tel. 209-742-6141

Tankstellen
● **Stage Stop Mini Mart**
5099 CA Hwy. 140
Mariposa, CA 95338
Tel. 209-742-6634

Visitor Center
● **Mariposa Chamber of Commerce**
5158 Highway 140
Mariposa, CA 95338
Tel. 209-966-2456
admin@mariposachamber.org
www.homeofyosemite.com

Waschsalons
● **PD-Quick Carwash & Laundromat**
4964 Joe Howard St.
Mariposa, CA 95338
Tel. 209-966-7746

Lee Vining von A bis Z

Abschleppunternehmen
- **Channel Shell AAA**
Highway 395 at Mattly Avenue
Lee Vining, CA 93541
Tel. 760-647-6444

ATM Geldautomaten
- **Channel Shell AAA**
Highway 395 at Mattly Avenue
Lee Vining, CA 93541
Tel. 760-647-6447
- **Tioga Gas Mart**
22 Vista Point Drive
Lee Vining, CA 93541
Tel. 760-647-1088

Bibliothek
- **Lee Vining Public Library**
51710 Highway 395 (High School)
Lee Vining, CA 93541
Tel. 760-647-6123

Campingplätze
(kommerziell)
- **Mono Vista RV Park**
57 Beavers Lane
Lee Vining, CA 93541
Tel. 760-647-6401
monovista@yahoo.com
www.monovistarvpark.net
Zentralgelegener schöner CG, 51 Stellplätze, gepflegte Waschräume und Laundry.

Campingplätze
(USDA Forest Service)
Stellplätze auf USDA Campingplätzen werden entsprechend dem First-come/first-served vergeben.

- Am Highway CA-120
- **Lower Lee Vining Campground**
Hwy CA-120, 2 Meilen westl. Hwy 395
51 Stellplätze, Toilette, kein Wasser, 14$ je Nacht.
- **Aspen Campground**
Hwy CA-120, an der Poole Power Plant Road
45 Stellplätze, Toilette, Wasser, 14$ je Nacht.
- **Big Bend Campground**
Hwy CA-120, an der Poole Power Plant Road
17 Stellplätze bis max. 30 Ft., Toilette, Wasser, 22$ je Nacht.
- **Ellery Lake Campground**
Hwy CA-120, östl. des Tioga Pass
12 Stellplätze, Toilette, Wasser, 22$ je Nacht.
- **Tioga Lake Campground**
Hwy CA-120
13 Stellplätze auf 2.960 m NN, direkt am See. Toilette, Wasser, 22$ je Nacht.

Hotels/Motels
- **El Mono Motel & Cafe**
Highway 395 at Third Street
Lee Vining, CA 93541
Tel. 760-647-6310
www.elmonomotel.com
- **Lake View Lodge**
51285 Highway 395
Lee Vining, CA 93541
info@lakeviewlodgeyosemite.com
Tel. 760-647-6543
www.lakeviewlodgeyosemite.com

- **Murphey's Motel**
51493 Hwy 395
Lee Vining, CA 93541
Tel. 760-647-6316
info@murpheysyosemite.com
www.murpheysyosemite.com
- **Yosemite Gateway Motel**
51340 Highway 395
Lee Vining, CA 93541
Tel. 760-674-6467
reservations@yosemitegatewaymo-
tel.com
www.yosemitegatewaymotel

Lebensmittel

- **Mono Market**
51303 Highway 395
Lee Vining, CA 93541
Tel. 760-647-1010

Museen

- **Mono Basin Historical Society Museum**
129 Mattly Avenue
Lee Vining, CA 93541
Tel. 760-647-6461
www.monobasinhistory.org
Geöffnet Mi - Mo von 10:00 bis 16:00
Uhr. Im Winter geschlossen.
- **Body State Historic Park**
Nördl. von Lee Vining über Gravel
Roads erreichbar.
Bridgeport, CA 93517
Tel. 760-616-5040
www.parks.ca.gov/?page_id=509
Vom 1. April bis 31. Oktober von
09:00 bis 18:00 Uhr, ansonsten von
09:00 bis 16:00 Uhr.

Post

- **US Postal Service**
121 Lee Vining Ave
Lee Vining, CA 93541
Tel. 760-647-6371
Fax 760-647-6165
Mo - Fr von 09:00 bis 13:00 Uhr und
von 14:00 bis 16:00 Uhr.

Tankstellen

- **Channel Shell AAA**
Highway 395 at Mattly Avenue
Lee Vining, CA 93541
Tel. 760-647-6303
- **Lee Vining Chevron**
Highway 395 at First Street
Lee Vining, CA 93541
Tel. 760-647-6330
- **Tioga Gas Mart**
22 Vista Point Drive
Lee Vining, CA 93541
Tel. 760-647-1088

Visitor Center

- **Mono Lake Committee Info**
Highway 395
Lee Vining, CA 93541
Tel. 760-647-6595
www.monolake.org
Täglich von 09:00 bis 17:00 Uhr
- **Mono Lake Tufa State Reserve**
Nördl. von Lee Vining am Hwy. 395
Lee Vining, CA 93541
Tel. 760-647-6331
www.parks.ca.gov/?page_id=514
Geöffnet vom 1. April bis 30. Novem-
ber. Infos über Mono Lake und Yose-
mite NP.

NP Vokabeln

4WD	Allradantrieb
AAA	US Automobilclub
accommodations	Unterkunft
alcove	Überhang
arch	Steinbogen
admission	Eintritt
backpacking	Rucksackwandern
badlands	Einöde
bald eagle	Weißkopf Seeadler
beam	Lichtstrahl (Canyon)
beaver	Biber
bison	Büffel
black bear	Schwarzbär
black water	Fäkalien
boardwalk	Brettersteg
booster cable	Starthilfekabel
bulletin board	Info Aushang
bullfrog	Ochsenfrosch
burro	Wildesel
butte	Tafelberg
cabin	Hütte
california gull	Silbermöve
campfire	Lagerfeuer
campground	Campingplatz
campsite	Standplatz
canyon	Schlucht, Tal
caprock	Felsnadel
cash	Barzahlung
chipmunk	Streifenhörnchen
clearance	Durchfahrthöhe
cliff	Klippe
coin operated	Münzbetrieb
cookout	Essen im Freien
cougar	Puma
corral	Pferdekoppel
coyote	Präriewolf
creek	kleiner Bach
dawn	Dämmerung
deposit	Anzahlung, Kaution
desert	Wüste
dirt road	ungeteerte Straße
drivers License	Führerschein
duck	Ente

dumping station	RV-Entsorgungsstelle
eagle	Adler
elk	Rothirsch
entrance	Eingang
equipment	Ausrüstung
exhibition	Ausstellung
fault	Graben
fee	Gebühr
firepit	Feuerstelle
firewood	Brennholz
fishing license	Angelschein
first aid kit	Erste Hilfe Kasten
flash light	Taschenlampe
flash flood	Überschwemmung
flush toilet	WC
fresh water	Frischwasser
frog	Frosch
gas station	Tankstelle
general store	Laden
golden eagle	Steinadler
gorge	Schlucht
gravel road	Schotterpiste
greyfox	Silberfuchs
grizzly	Braunbär
guided walk	Führung
gulch	Schlucht
handrail	Geländer
high clearance	hohe Bodenfreiheit
hike	Wanderung
hill	Hügel
hollow	Schlucht
hoodoo	Felsnadel
hookups	Anschlüsse für RV
horseback riding	reiten
lake	See
laundromat	Waschmaschine
laundry	Wäscherei
lighter	Feuerzeug
lizard	Eidechse
lodge	Unterkunftsgebäude
log cabin	Blockhaus
mailbox	Briefkasten
mammals	Säugetiere
marmot	Murmeltier

matches	Streichhölzer	RV	Wohnmobil
map	Landkarte		
marten	Marder	saddle trip	Reitausflug
meadow	Wiese	scenic view	Aussichtspunkt
medical service	Medizin. Versorgung	self guiding trial	Weg m. Schautafeln
mesa	Tafelberg	sequoia	Mammutbaum
moose	Elch	shelter	Schutzhütte
mountain	Berg	showers	Duschen
movie	Film	skunk	Stinktier
mule	Maultier	sleeping bag	Schlafsack
mule ride	Maultierritt	slickrock	glatter Sandstein
Muskrat	Bisamratte	slide programm	Diavortrag
		slot canyon	enge Schlucht
narrows	enge Schlucht	sparrow	Spatz
nature trail	Lehrpfad	spruce	Fichte
natural bridge	nat. Felsbrücke	squirrel	Eichhörnchen
noon	Mittag	stable	Reitstall
NPS	National Park Service	stagecoach	Postkutsche
		steep	steil
oak	Eiche	summit	Gipfel, Passhöhe
offroad	abseits der Straße	sunrise	Sonnenaufgang
osprey	Fischadler	sunset	Sonnenuntergang
owl	Eule	supplies	Vorräte
		SUV	Freizeit/Allrad-Kfz
park entrance	Parkeingang	swallow	Schwalbe
paved road	Asphaltstraße	swift	Mauersegler
peak	Gipfel		
permit	Eraubnis	tent	Zelt
petroglyph	Felszeichnung	titmouse	Meise
pictograph	Felsmalerei	towhee	Fink
pillar	Steinsäule	track	Spur
pine	Kiefer	trail guide	Wanderführer
pinnacles	Säulen	trailhead	Startpunkt
pinyon jay	Blauhäher		
porcupine	Stachelschwein	valley	Tal
pronghorns	Antilopenart	viewpoint	Aussichtspunkt
propane	Campinggas	visitor center	Besucherzentrum
prarie dog	Erdhörnchenart	voucher	Gutschein
raccoon	Waschbär	waiting list	Warteliste
rapids	Stromschnellen	walk	Spaziergang
rattlesnake	Klapperschlange	wash	trockenes Flußbett
raven	Rabe	waypoint	GPS Wegpunkt
riding stable	Reitstall	weather	Wetter
red squirrel	Rothörnchen	weasel	Wiesel
restroom	Toilette	wood	Wald, Holz
rim	(Canyon)-Kante	wren	Zaunkönig
river	Fluß		
rock hound	Mineraliensammler		
ruin	Ruine		

US Nationalpark Guides

Arches Nationalpark	in Vorbereitung
Bryce Canyon Nationalpark	in Vorbereitung
Capitol Reef Nationalpark	ISBN 978-3-74316-028-6
Canyonlands Nationalpark	in Vorbereitung
Death Valley Nationalpark	in Vorbereitung
Everglades Nationalpark	in Vorbereitung
Grand Canyon Nationalpark	ISBN 978-3-746-00608-6
Joshua Tree Nationalpark	in Vorbereitung
Petrified Forest Nationalpark	in Vorbereitung
Yellowstone Nationalpark	ISBN 978-3-74317-277-7
Yosemite Nationalpark	ISBN 978-3-74812-947-9
Zion Ntionalpark	in Vorbereitung

US Highway Guides

Utah Scenic Byway 12 - Mile by Mile	in Vorbereitung

Erhältlich in allen gut sortierten Buchhandlungen
sowie im Onlineversand bei www.amazon.de,
www.buch.de u.v.a.m.

Info:
www.nationalpark-guide.de

Planen.   Reisen.   Erleben.